大是文化

把無聊說到感動

カリスマ予備校講師が初公開！
感動する説明「すぐできる」型

讓人馬上停下來聽你說。
補教名師的八種表達絕招，
學生全程清醒聽課，
轉戰商場客戶馬上買單。

聽課人數達日本業界第一的補教名師
犬塚壯志 ◎著　李友君 ◎譯

目錄

第2章 你開口，他神遊？從無聊到感動的原則

第3章 感動說明的型式，懂一種就超強

推薦序一

把話說好，能感動他人，自己也快樂！

GAS口語魅力培訓®創辦人、廣播主持人／王介安

你有想過為什麼自己在念書時期，數學總是讀不好，或為什麼你的孩子數學成績總是不太理想？是因為他數學能力真的不好？還是解題能力不足？

本書作者犬塚壯志是補教界名師，他分析超過一千人，利用在補教界和學生互動的經驗，歸納出八種說話型式，並稱為「感動說明」。

作者非常真誠的剖析當年自己剛進入補教界時的狀況：學生對他的課沒興趣，不僅如此，還被學生貼上「無聊」、「沒用」等標籤。他認為再這麼下去，遲早會失業。那麼，他是如何反敗為勝的呢？

這本書像是武功祕笈一樣，作者誠懇的把他所有的經驗，包含培訓方式、改變方法，全部赤裸裸的呈現在讀者面前。

日本許多關於說話與溝通的著作，非常重視「說明方法」，現在你拿著的，是一本很有趣的書。當你開始懂得把說明變得有魅力，別人也會因此想聽你說話。

犬塚壯志是個教學者，也是研究者，從過去到現在，他吸收並分析看到人事物。他用心的把說話方法整理得非常透澈，並圖解說明，把他如何訓練學生的方式，一股腦兒的呈現在你我面前，因此我很佩服他。

有些人問我，說話是一種技巧，也是一種方法嗎？

是的，沒錯。

你可以想像一個情況，在一場籃球比賽，你突然被推上場，如果你平常訓練有素，懂得打球技巧，相信內心會比較踏實；如果你根本不會打球，想必會直接拒絕上場，否則只會進退兩難、手足無措。

就像籃球比賽一樣，在現代的世界，不管你在團體裡面和人溝通，或在職場開拓業務，當你更懂得說話的步驟與技巧，也理解說話的架構與方式，你溝通與說明的效能會更強大，現在你手中的這本書談的就是這些。

如果你願意走進書中的世界，深切了解作者想要傳達的意義，一個步驟、一種方法、一組架構，你會發現你說話越來越有影響力，更能把無聊的事情講得非常動人，如此一來，相信你會更快樂。

（本文作者為資深媒體人、經理人、行銷人，也是溝通專家及口語訓練師。市場行銷及媒體製作經驗豐富，擅長企業與媒體的溝通及市場行銷的技巧。近年致力文化創意產業推動，並開創「GAS口語魅力培訓」課程，鑽研口語溝通的授課，培育無數人才。）

推薦序二

本書是縮短人與知識距離的教戰守則

TEDxTaipei 講者／**余懷瑾**

我一開始是被書名的兩個關鍵字吸引。

一是感動，授課除了傳遞知識之外，如果想昇華到感動層次，需要強大的引導功力。

二是補教名師，在現代，補習班老師比比皆是，能夠成為名師的前提，是講話要能讓人聽得懂，讓學生能學會知識，還要想辦法讓學生上榜，有助於招生，才能在市場上存活下來，且占有一席之地。

這是一本能讓講者縮短人與知識距離的教戰守則。

講者通常是某個專業領域的優秀人士，大多數人通常會不自覺陷入一種迷思，也就是經濟學家羅賓．奧格斯（Robin Hogarth）提出的「知識的詛咒」。

簡單來說，就是專家擁有比一般人更多的知識，在溝通時，他們常以術語交談，因此喪失了與非專業人士溝通的能力，進而犯下溝通障礙，如：

「這麼簡單，你怎麼會不知道？」

「這個有這麼難懂嗎？」

「為什麼我講了這麼多次，你還學不會？」

於是，講者情緒起伏不定，而聽者心裡感到挫敗。

認知偏差正是教學的重大阻礙，作者經年累月弭平學習路上的小石子，幫助學生進入學習狀態，因而學生源源不絕。

千萬不要以為作者是化學老師，於是認為這本書不適合其他學科閱讀。正因為作者是化學老師，卻能把艱深的理論，利用八種說明型式讓外行人聽懂，反而更適合各種不同領域的人閱讀與應用。

他以淺白的語言推廣知識，才更能深入人心，這也是本書的核心價值。閱讀時，我建議從第三章可行的方法和套路切入，透過舉例和圖表實際操作，再回過頭看第一、二章，會有種茅塞頓開的豁然。

我對於書名中的「感動」兩字，有另一番詮釋，那是一份作者願意花心思，讓學生吸收得更快、更好的初衷，透過有效的策略，攫取學生注意力，且興味盎然的品味學習的真諦。

（本文作者為臺北市立萬芳高中國文老師，學生都暱稱她為仙女；TED×Taipei 講者。專長為故事與表達、教學設計、演講技巧、班級經營以及課程設計。）

推薦序三

換位思考，才能說出有趣內容

「寫作力」創辦人／鄭緯筌

無論是過往在媒體服務，或現在以顧問、講師或專欄作家等多元的身分行走江湖，我平時除了撰寫文章，時常有機會對外發表演說。

雖然我的個性有些內向，但因為工作關係，在不知不覺中，練就了可以隨時即席演講或發表論述的本領。

原以為要學會這個能力並不困難，但我發現，其實在這個世上，還有很多朋友害怕演講、寫作或對外發表看法。其實不是他們講得不好，而是沒有自信。

說得更直白一點，這些會對公開發表自己的看法或觀點而感到不安的人們，並非缺乏專業技能或人文素養，而是缺乏一套有效的溝通傳達方法。

所以，近年來我開設了很多關於職場寫作以及媒體溝通的課程，我的初衷就是希望可以有效的幫助大家寫出擲地有聲的文章，同時也能勇敢對眾人表達內心的感受與看法。

換句話說，想要感動他人其實有方法。如果想要吸引目標閱聽眾的關注，我建議大家可以善用簡單、意外、具體、可信、情緒與故事這幾個元素。另外，也可運用三階段的行動，也就是先設法讓對方留下印象，然後再逐步說服與感動對方。

一個說話有趣的人，往往能掌握很多的契機，有助於精準傳達自己的觀點。所以，我建議大家別輕易放棄對外溝通與分享的機會，不要認為自己一定辦不到。

有些人或許會問，要如何才能夠把一件事講得吸引人？

我在文案寫作課上常會提醒學員，除了要用淺顯易懂的詞彙進行溝通，也可以多舉一些實際的案例，甚至說個好故事。此外，我們還要設法勾引對方的好奇心，並且記得用有趣的細節來抓住人心！當然，說話的速度也不能太快，要確保對方可以順利吸收。

當我收到大是文化推薦邀請，看過《把無聊說到感動》之後，覺得這是一本相當難得的著作。不同於其他教溝通傳達的書籍大多停留在理論講授的階段，這本書匯聚了許多作者的親身經驗與觀察，可說是相當具有參考性的著作。

話說從頭，這位原本在日本補教界教書的老師，因為口拙而被學生討厭，後來大量研究當紅講師的課程之後，才歸納出八種把無聊變有趣的說明技術。之後，他又轉戰企業內訓市場，他結合自己的專業與實戰經驗，更吸引許多業務員、企業主管爭相報名。

作者在《把無聊說到感動》一書中，把說話很無聊這件事定義為「沒有打動人心的力量，沒辦法加深聽者的興趣、關注、知識和理解程度」，我認為相當適切。很多人之所以說話無聊，其實和表達技巧的關係並不大，而是他們未能換位思考，無法洞察目標聽眾的興趣與需求。自然，也就無法說出能夠讓人怦然心動的有趣內容了。

如果有人希望突破說話無聊的窘境，我很樂意向您推薦這本好書。

（本文作者曾任「臺灣電子商務創業聯誼會」共同創辦人、「風傳媒」產品總監、風傳媒顧問、《數位時代》雜誌主編，後創辦網站「寫作力」，指導學員提升行銷能力，並投資自己。）

掃描進入「寫作力」網站

前言

感動的說明，比逗人笑更簡單

「再這樣下去，遲早會丟了工作……。」我剛成為補習班講師時，每天都在這種想法中度過。

為什麼呢？

因為我講話很無聊。

補習班講師通常是一年一聘，假如無法在這段期間內累積聲望，可能會被減薪，最糟的情況就是炒魷魚。若想成為當紅講師，說話必須讓學生覺得有趣、要能觸動他們的內心。

可是，我不擅長說話，要靠口才吸引人，簡直是天方夜譚。

舉例來說，我在高中一年級夏天時，有了女朋友，不過交往一個星期後，女友對我說：「你講話有夠無聊耶！老是說一些難懂的事……我完全不曉得你在說什麼，就算跟你待在一起，也不好玩。」

現在回想起來，那的確不是情侶之間會有的對話。

當時我一邊吃著午餐裡的配菜醃菜，一邊說明醃菜是利用滲透壓原理製作而成，跟對蛞蝓撒鹽巴會收縮一樣；我跟女友到海邊約會時，我也會以蒸氣壓下降來說明為什麼泳裝難乾……。

但是，我過去完全不懂，為什麼她會認為這些話很無聊。因此，她說的話成為我的陰影，每次向跟別人說話時，我都覺得很緊張。

不過，即使如此，由於我對於教育、期許孩童成長的熱情，以及對化學的執著比常人強一倍，所以，我在大學畢業後，馬上在駿台補習班——升大學補習班工作，以講師身分登上講臺，向學生說明各種知識。

然而，接下來又是一連串的悲劇。

這間補習班的各個講師，口才辨給到讓人吃驚，他們講課淺顯易懂又有趣，而且跟我同期的講師都是帥哥……。

雖然我有熱忱，但不擅長逗人發笑，所以，我為了讓學生們認為我的課很好玩，於是不顧一切努力想要逗人發笑。例如，我會一個勁兒的研究搞笑節目，然後想辦法在講課時搞笑。結果遭到K老師大聲叱責：「用不著刻意搞怪耍寶吧！」

我擔任講師的第二年，補習班對學生做問卷調查，希望藉由蒐集回饋，讓補習班變得更好，其中，學生針對我的課程，給予的評價如下：

「無聊。」

「我完全聽不懂老師說的是什麼意思。」

「沒有用。」

甚至，有人留言：「真希望能把時間還給我。」

根據問卷結果顯示，我在同期講師中是吊車尾。我心想：「慘了，如果我再這樣下去，就要失業了……。」被逼到絕境的我，決定捨棄無聊的自尊，請補習班讓我觀摩當紅講師的課程。

結果我發現到兩件事：

一是說明能感動人。

當紅講師沒有刻意逗人發笑或搞怪耍寶，上課時沒有出現絲毫笑聲，但他仍讓學生對課程印

象深刻。

此外，當紅講師說的內容清楚明瞭，不論是誰聽了，立刻恍然大悟：「原來如此，其實是這樣啊！」我甚至沉浸在課程中不可自拔。

而我此時終於明白，**有趣的說明並不需要像諧星般搞笑，而是要能觸動人。**

另一件事則是，**能感動人的說明有型式**。

比方說，補習班有一位年輕的首席世界史講師，他上課時，開場白這樣說：

「為什麼會誕生四大文明呢？那是因為文明發祥地有河。而人體有六〇％由水所組成。所以，對人類來說，生活在河畔能時常補充水分。

「另外，培育農作物也需要水分；運貨時走水路會很方便，大河流域的文明因此發達。」

聽了這番說明後，我覺得內容很有趣，同時，注意到這段話藏著一套型式（後面章節會詳細說明）。

當時我想，說不定即使是嘴拙的我，也可以模仿。

實際上，在我嘗試這套方法後，學生的反應明顯跟以往不同。雖然我教的是枯燥無味的化學課，學生卻聽得津津有味。

後來，我把發現到的各種型式整理起來，並稱其為「感動說明的型式」，然後運用。沒想到，來聽我講課的學生越來越多。甚至，聽化學課的學生人數，竟然榮登日本第一。

看到這裡，或許有人想：「我又不是靠嘴巴吃飯，就算說話無聊，也沒差。」、「就算講話無法感動人，也不會被開除。」

的確，很多工作並不會因

為說話無聊而失業，但我認為，即使如此，也不是只有補習班講師需要能夠打動人心的說話技巧。

比方說，無論在工作或私事，你是否在聽到別人說話之後，覺得「這個人講話有夠無聊」？就算對方不是說話專家，但聽著沒意思的話題沒完沒了的延續，你難道不會想「怎麼不快點結束？」或是「下次別再找這個人聊天了」嗎？

一旦別人被貼上「說話無聊」的標籤，難得的機會便在不知不覺中溜走。比方說下方圖0-1所整理可能會出現的情況。

要是別人認為：「這個人說話實在太有趣了！」你大展身手的舞臺就會不斷擴張，如下

演講、自我介紹	似乎沒辦法勝任工作，還是別跟這個人來往好了。
簡報、企劃會議	不通過，沒採用。
與客戶或顧客磋商	負責人遭撤換。
面試	不錄用。
透過社群網路發送資訊	遭到忽略。
約會	對方再也不想連絡。

圖 0-1　說話無聊會讓機會溜走。

頁圖0-2所示。

你的人生舞臺會因此變得寬廣。

千萬不要想：「講話打動人心，太困難了，我做不到……我沒有那種才能或素養。」現在選擇放棄，還太早了。開頭我也說過，我很不會說話。但「會講話」無須才能或素養，就算不擅長說話，也沒有關係，只要套進型式，不論是誰都能感動人。

學會讓對方感動的說明技巧，比逗人發笑還要簡單。想讓對方擺脫成見，不再認為你很無聊，更覺得你說話有趣、易懂，就需要感動說明。

只要各位閱讀這本書，學到說明技巧，就可以掌握更多的機會，不斷開拓人生。

演講、自我介紹	好能幹的人，真想跟這個人結交。
簡報、企劃會議	能夠實現想做的事情。
與客戶或顧客磋商	對方另眼相看，指名要找你。
面試	獲得錄用。
透過社群網路發送資訊	走紅受歡迎。
約會	別人會想再連絡（有異性緣）。

圖 0-2　說話有趣，就能抓住機會。

第
1
章

你說話無聊，不是因為嘴拙，而是少了方法

「太可惜了……。」這是我在聽完某位名人演講時的想法。

當時，我在聽演講的過程中不小心睡著了，因此沒聽到一部分內容。後來，我回顧做好的筆記，發現演說內容本身相當有趣。所以才會忍不住脫口說出這句話。

現在我頂著教育內容企劃師的頭銜，創辦研討會和教育課程，並且訓練經理人和商務人員說話的方法。

我在實際跟客戶談話的過程中，發現他們話題內容很充實，可是卻很難吸收，無法順利傳遞給別人。說穿了，就是無聊。

很無聊的話，有說跟沒說一樣

這時的我，覺得「那番話其實很有價值。因為說話無趣，而不能好好的傳達給別人，實在太可惜了。」

溝通時，不管再怎麼拚命傳遞，要是對方無法吸收你所說的內容，等於沒有把價值傳遞出去。換言之，對方只會認為你在說一些沒意思的事，於是一開口就被人當作耳邊風，有說跟沒說一樣。

不僅如此，還可能讓聽者覺得浪費時間，因此對你產生負面印象，甚至會失去機會。

那麼，為什麼有些人會被認為說話很無聊呢？

人們對「說話很無聊」的誤解

害怕在別人面前說話的人，往往有這樣的誤解：「我說話沒辦法吸引人，是因為自己的臺風、咬字，或話題有問題」。他們會這樣想：「我本來就不擅長說話。」、「話題很沒意思。」

或許當事人覺得自己不擅長說話，但我認為這些完全不是問題，甚至可以說，這並沒有不好，因為一個人的說話方式，會透露出自己的風格。若企圖硬性矯正，反而會失去自己的個性。

然而，怕在別人面前說話的人，對於「說」有一種既定印象：跟別人說話，就要像史蒂芬・賈伯斯在介紹簡報時的樣子一樣。於是將注意力集中在臺風上，結果忘了自己該怎麼說，進而陷入負面螺旋中。

說話是否影響聽者的心，並非取決於臺風好壞。我根據以往的經驗，可以斷言這一點。如果只追求表面的說話技巧，別人依舊聽不懂你到底想說什麼。

另外，假如當事人覺得某個話題值得傳遞出去，那麼，在談話過程中，最好不要隨意更換話題，否則可能本末倒置。

說話無聊有四種模式

為什麼有的人說話會讓聽者覺得無趣呢？

接下來，我會談說話讓人覺得無聊的根本原因及模式。

首先，依照聽者的知識和關注程度，我將話題分為四個區域（見下頁圖 1-1）：

- 未知區：聽者不知道的話題。

- 關注區：聽者好奇或感興趣的話題。
- 關係區：與聽者有關聯，無法忽視的話題。
- 自我區：聽者本人已經掌握的話題。

接下來，我利用下頁圖1-2來解釋說話很無聊的原因。首先我們就從說話無聊的四種模式：

模式①：「啊？」完全聽不懂話中的內容。

模式②：「這跟我有什麼關

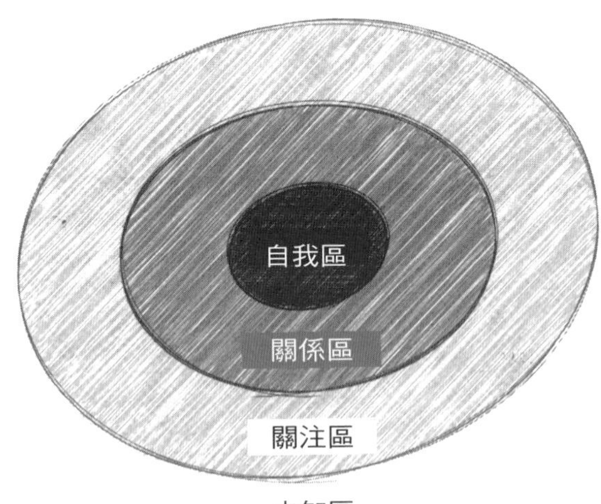

圖 1-1　話題分成四個區域。

係？」認為話題和自己無關。

模式③：「就算你對我這麼說，可是……」雖然內容跟自己有關係，但是自己做不到，所以沒辦法採納。

模式④：「說的也是。」已知、覺得理所當然的話。

將這四個模式套進上頁圖1-1後，就會變成下圖1-2。

例如，未知區話題就是聽者不懂講者說的內容，於是想「我根本不懂你在說什麼」，而感到無聊（模式①）。

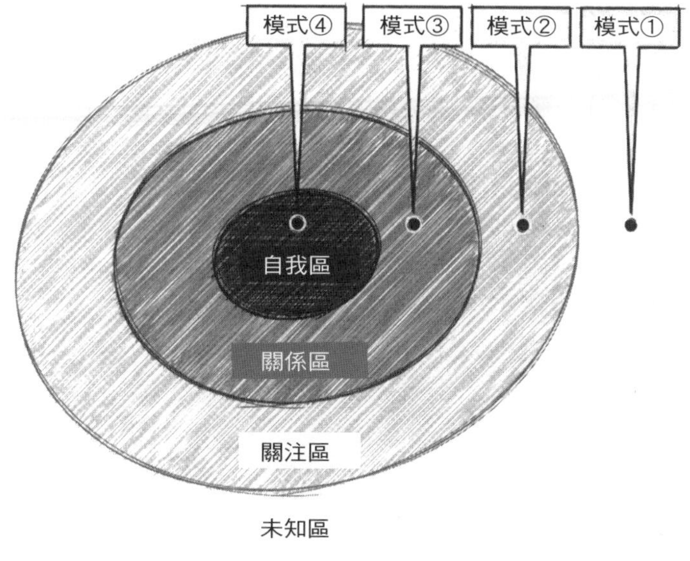

圖 1-2　說話無聊有四種模式。

或者，即使話題跟聽者有關，如果別人說的內容停留在關係區，於是聽者覺得「就算你這麼說，我也做不到……」，由於無法讓聽者深入關注，於是對方顯得興致缺缺（模式③）。

相信有些人已經注意到，這張圖中每個區域都有一個圓點。當這些圓點沒有朝中央移動，表示聽者會覺得講者說話沒有吸引力。

三個阻礙，讓人對你的話超無感

這本書對於說話很無聊的定義，是「沒有打動人心的力量，沒辦法加深聽者的興趣、關注、知識和理解程度」。

在這裡，我先提一下日本暢銷漫畫《進擊的巨人》，這部作品在二〇一九年年底累計發行冊數突破一億本。該作品劇情描述巨人突然出現，導致人類陷入滅亡的危機。而倖存下來的人類在「瑪利亞之牆」、「羅塞之牆」和「席納之牆」這三層巨大城牆的內側建立生活圈，設法生存，故事就這樣開始了。

我認為人的大腦也有三道牆會阻止圓點的移動，使人覺得事情很無聊、沒意思。若將這項概念視覺化，就如下圖 1-3 所示。從外側算起，我分別稱這些牆為認知之牆、私事之牆和獲得之牆。

假如沒有突破牆壁，讓圓點移動，就算你再怎麼模仿他人搞笑，聽者也不會覺得有趣，更不會打動聽者。

關於前面談到的四種說話無聊模式以及三道牆，接下來我會逐一詳細說明。

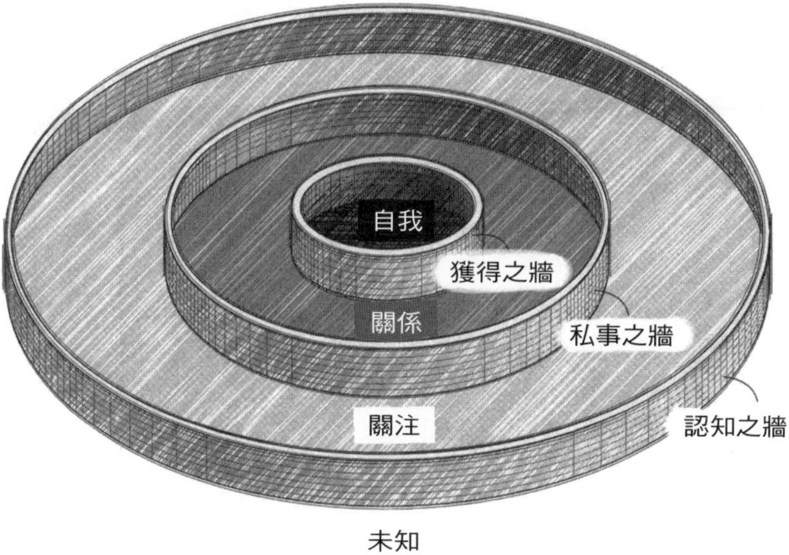

圖 1-3　阻擋人感動的三道牆。

因為聽不懂，所以不想聽

首先介紹模式①——別人不懂或沒聽過話題，所以無法吸收內容。也就是說，在這種模式下，別人很難對你說的話有反應。

在資訊過剩的現代，其實幾乎所有的話題都會被認知之牆擋掉。人身處在太多資訊中，反而會忽略資訊，也不會想要了解。正因為現代充斥著各種資訊，人沒有辦法全盤接收，所以，就算想要了解某個訊息，也需要耗費許多精力。

被認知之牆阻擋的情況，除了資訊過量之外，還有一種是，即使他人在說話，聽者卻聽不懂而不感興趣，相信不少人有這種經驗。就像下頁圖1-4一樣。

比方說，談論某件事時，聽者不具備相關知識，專家卻以艱澀的言詞說明；藝術家解說藝術作品；哲學家抽象的談論思想。一般人聽他們說話，通常都提不起興趣。當講者和聽者的知識和理解程度落差越大，越容易發生這種情況。

當認知之牆阻擋這些話題後，聽者的大腦便認為講者說話很無趣。由於話題無法到達聽者的關注區，自然不會被聽者記住。

為了讓話題能觸動聽者的心、讓他覺得有趣，講者勢必得想辦法突破認知之牆這道最大的難關。

這時，講者要衡量聽者會對什麼感興趣，還會關注哪些事情。當講者打破認知之牆之後，便能讓話題前往聽者的關注區。

「跟我無關」，於是馬上忘掉

在模式②中，雖然聽者多

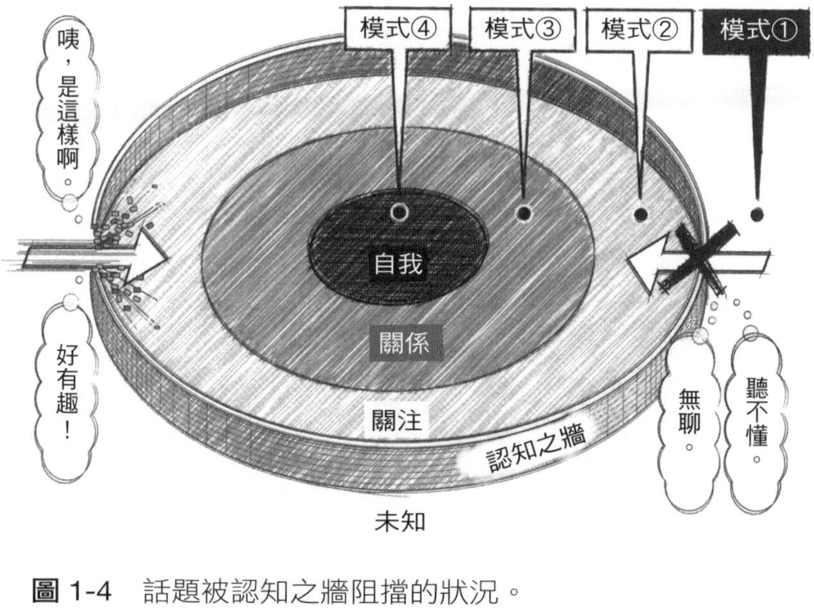

圖 1-4　話題被認知之牆阻擋的狀況。

少有關注或聽過話題，卻認為「這跟我沒什麼關係」，而停止接收訊息，也就是說，話題被私事之牆阻擋下來了（見下頁圖1-5）。

說得極端點，一個人最感興趣的，是跟自己有直接相關的事情。換句話說，假如話題被聽者判定「跟自己無關」，那麼，他會很快忘得一乾二淨。

舉例來說，某位商務人員期盼自己能獨立開業，若他在演講中，聽了有關跳槽的訣竅，即便一開始，該話題能引起這位商務人員的關注，但沒多久，由於商務人員認為，這部分演講內容和自己無關，所以心想：「雖然我打算離開這間公司，但我想創業，所以不聽怎麼跳槽也沒差。」所以他不會記住跳槽相關的話題。

突破私事之牆的關鍵，在於能否讓聽者留下印象，且明白「這件事跟自己有什麼關係」。

以前面的例子來說，想突破私事之牆，就得強調這番話跟聽者有所關聯，像是「以離職為前提的選項中，跳槽最能讓自己成功轉換職涯」。若能藉由說明，讓這個人認為「搞不好也跟自己有關係」就成功了。

順帶一提，只要多說幾句，就能把人從未知區、關注區帶到關係區的專業團體，是廣告代理商。

廣告代理商會用盡一切方法促銷新商品或服務，並傳送資訊給不知道新商品或服務的消費者（也就是對產品認知，處在未知區的人），讓他們覺得那項新商品或服務，跟自己有關係，進而購買。

可以說，傑出的廣告文案，無論是誰聽了、看了，都會覺得有趣。

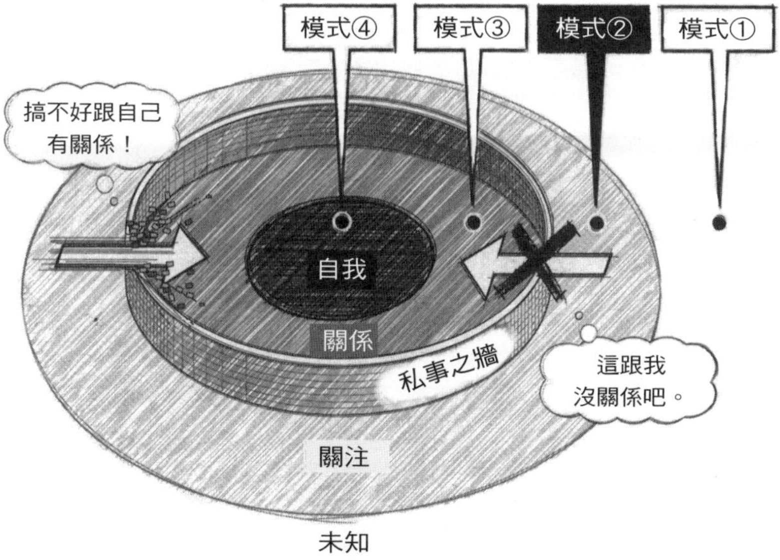

圖 1-5 突破私事之牆的關鍵，在於讓當事人想：「搞不好跟自己有關係」。

「我做不到」，所以不想了解

在模式③中，聽者雖然能了解某話題跟自己有關，卻因為某些理由，認為「自己不會用」、「我沒有辦法做到」，而無法付諸行動。這時，話題就被獲得之牆擋住了（見下頁圖1-6）。

這種情況之下，聽者往往認為，不必急著消化、活用說話者所說的內容，或是想要消化活用也有心無力。雖然了解某件事跟自己有關，卻沒辦法吸收到腦子裡。突破獲得之牆的關鍵，在於先讓聽者這樣想：「必須馬上記住內容才行！」因此，這時的課題是要懂得說明，讓人了解採納建議的緊迫性和必要性。

甚至，在某些情況，還需要提出培訓清單，讓聽者能夠將話題當成自己的東西吸收並運用。

其實，補習班講師就是專心實踐這一點的專業團體。想辦法讓聽課的學生把上課內容轉化為知識，以提升自己解題的能力，也就是說，補習班老師具備突破獲得之壁的技巧。

「我早就知道了！」這時要講有趣的話，最困難

最後一種是模式④。

在這個模式下，聽者已經充分了解某話題。

假如聽者聽到他認為是常識、理所當然的事時，談話內容也無法深入他的心，而感到興致缺缺。

舉個例子，九九乘法對成人來說，是能運用自如的技巧，若要聽人鉅細靡遺的說明，相信不論是誰都覺得乏

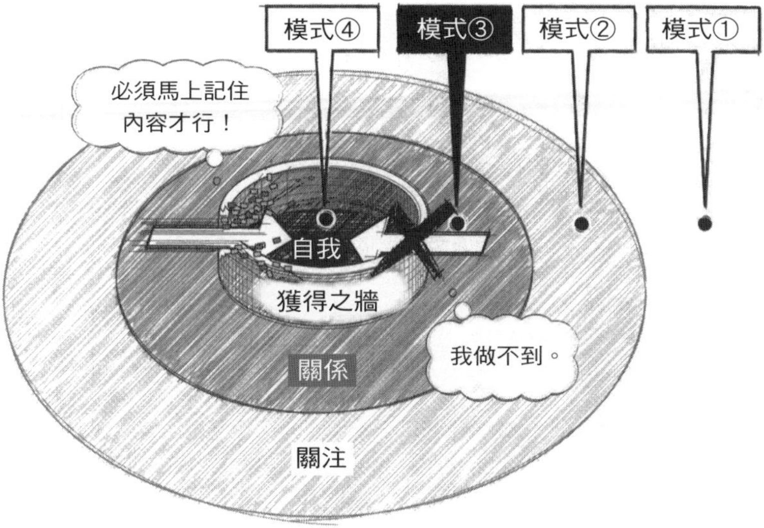

圖 1-6　知道卻做不到，於是話題被擋下來。

味；或在某個演講中聽到「高度經濟成長終結」，絕大多數人也會認為「你在講哪個時代的事啊？」

從下圖1-7中，我們可以看出模式④沒有能突破的牆。由於沒辦法讓圓點繼續移動，所以也沒辦法靠之前提到突破三道牆，讓話題變有趣，以吸引聽者深究知識和提高關注。也就是說，在這個模式中，話要說得有趣，難度相當高。

不過，仍有幾個方法可以感動人。

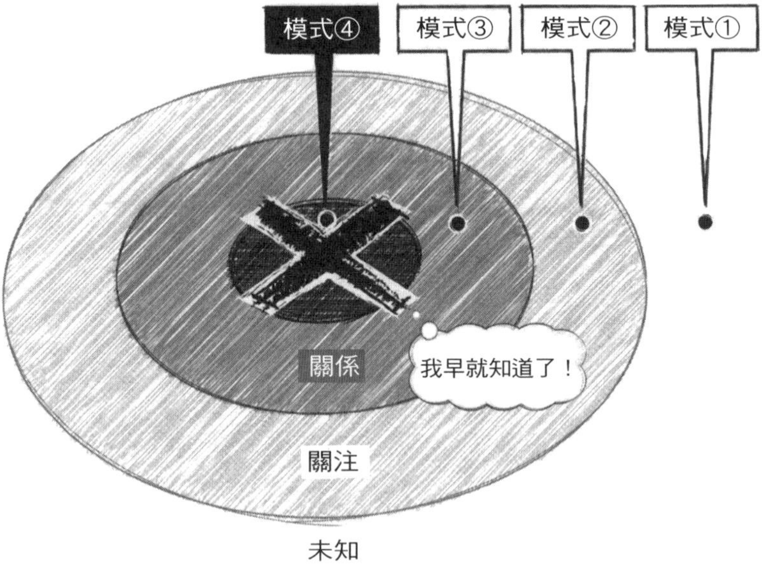

圖 1-7　在模式④，最難把話說有趣。

其中一個方法，是迴避該話題。看到這裡，或許有些人會說不知道怎麼避開話題。其實這個方法的關鍵，是在說話前，掌握聽者的知識和理解程度。這時的重點在於改變說明的用字遣詞，以迴避陷入模式④，這點會在第二章詳細說明。

若不想迴避說明，還要讓對方覺得你說話有趣，那麼，你必須在傳達想法時，搭配新的話題，賦予話題新的意義，這點會在第三章提及。

順帶一提，即使一直說對方早就知道的話題，對方也覺得有趣的情況，只有一種，那就是聽者對講者懷有好感。任何人在聽喜歡的人說話時，不管聽什麼都能覺得有趣。

當然，這種情況屬於聽者與說話者之間的人際關係，跟本書要談重點——靠說話打動人心，以加深聽者的興趣、關注、知識和理解程度，是兩回事。關於人際問題，就讓其他書籍來解決吧。

目前為止，我們藉由把話題分成四個區域，以及讓談話變無聊的三道牆，來解釋為什麼人們會覺得別人說話很無聊。

當話題突破這三道牆，並在「未知↓關注↓關係↓自我」等四個區域移動，便能讓聽者吸收。我認為這段過程，能透過下頁圖1-8上圖來表示，此外，我稱其為「螺旋結構」（helix structure）。

只要話題能破壞這三道牆，同時深入自我區，就可以消除無聊，讓聽者感到有趣。另外，假如從正上方看螺旋結構，則如下頁圖1-8下圖所示。活用這張圖的同時，思考怎麼做才能讓人感到有趣。

還有，當話題慢慢轉移到聽者的自我區時，話題就能影響聽者的觀念和行動，這在教育學上，稱為轉化。換言之，感動說明可以讓聽者有所改變。

人腦很挑食，你要幫對方過濾話題

就像吃了食物就會填飽肚子一樣，一個人在吸收資訊之後，腦部會感到非常滿足。人沒有獲得資訊和知識就不可能活下去。

日本生態學家梅棹忠夫的著作《資訊的文明學》（暫譯，臺灣未代理此書，原書名為「情報の文明学」）中，提到「今後的時代，大腦被資訊塞滿」。

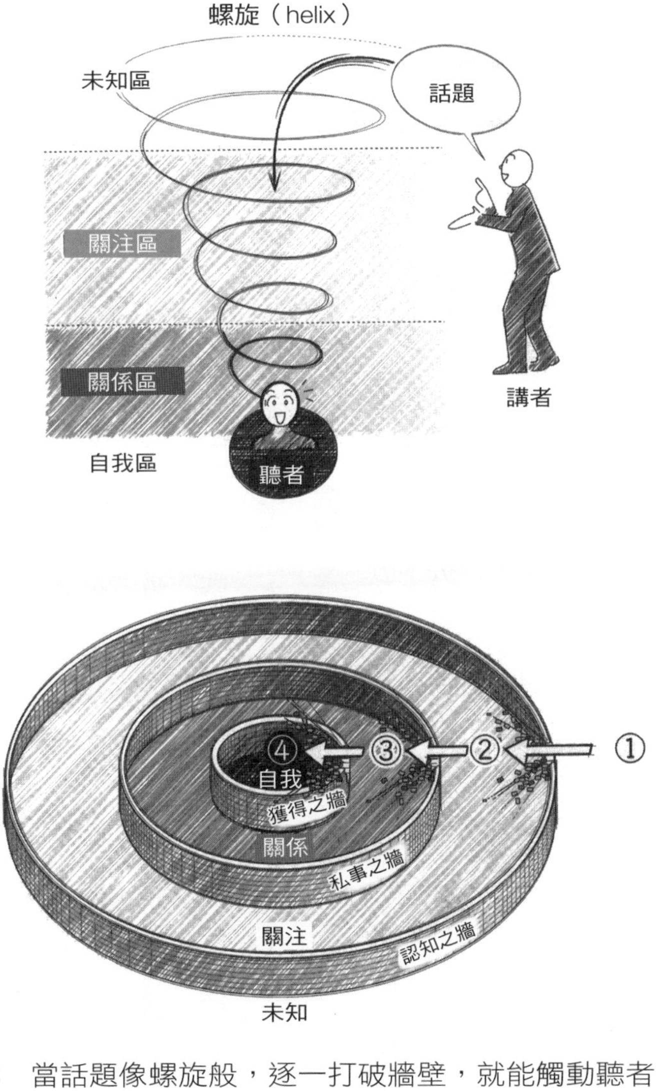

圖 1-8　當話題像螺旋般，逐一打破牆壁，就能觸動聽者。

我對這句話的解釋是：「在現代，人人可以輕鬆取得資訊，如果講者單純的提供訊息，就無法滿足聽者。所以講者提供的訊息，還要能幫助聽者擴充能力，必須運用說話或寫作技巧，帶給聽者滿足感。」

那麼，提供資訊時，該怎麼做才能藉由資訊，來擴充聽者的能力？

首先，你得吸引聽者，提供他關注的主題中，所不知道的資訊。假如聽者本來就知道你說的資訊，那麼，你要跟聽者建立關係，之後再以聽者會覺得有趣的方式來說明，使他渴望獲得、深入了解這項資訊。

經由這樣的過程，你提供的資訊最後能滿足聽者並被吸收。

在現代社會中，資訊持續爆炸，人們會嚴格劃分、確認資訊是否對自己有價值，所以在傳遞資訊時，是否說得有趣，讓聽者渴望更了解你說的事就是關鍵。

靠說明感動別人三次

若你想讓聽者渴望獲得訊息，就需要有能破壞認知之牆、私事之牆和獲得之牆等三道牆的說明技巧。每突破一道牆，人便受到感動。換句話說，靠解說就能感動別人三次。

根據我的經驗，**硬把笑點塞進說明中，聽者反而很難記住內容**。

舉個例子，我之前故意搞笑講課時，雖然偶爾會讓學生笑出來。不過，學生沒有因此牢記課程內容，可想而知，學生的測驗成績並不好看。從我的角度來說，氣氛炒得那麼熱卻白忙一場，心情實在很複雜。

此外，我也曾參加一些訓練課程或研討會。假如講師說話時，不時穿插許多笑點，剛聽完時，確實會有一定程度的滿足感。但大多數內容都不會留腦中。

換句話說，以笑話和笑點為主的演說，人們無法深刻記住內容，事後多半忘得一乾二淨。想變得睿智是人的天性，即使沒有用笑點來解說，只要演說內容吸引聽眾，人也會覺得提升知性的演說很有趣，而感到滿足。

所以，**若你能藉由說明感動對方，他便因確實獲得資訊而雀躍不已**。順帶一提，在這四個區域中，越靠近中心（自我區），感動程度就越大，而雀躍程度也越大，見下頁圖1-9。

不論是誰，在獲得新的資訊或知識時，都會覺得興奮。當你打動了聽者，就能刺激他的好奇心，使他不斷吸收新知。

此外，你所說的內容，會在聽者的腦內跟已有的知識相互融合，形成新的知識，對方除了感到更加雀躍之外，同時覺得你說話有趣、易懂。

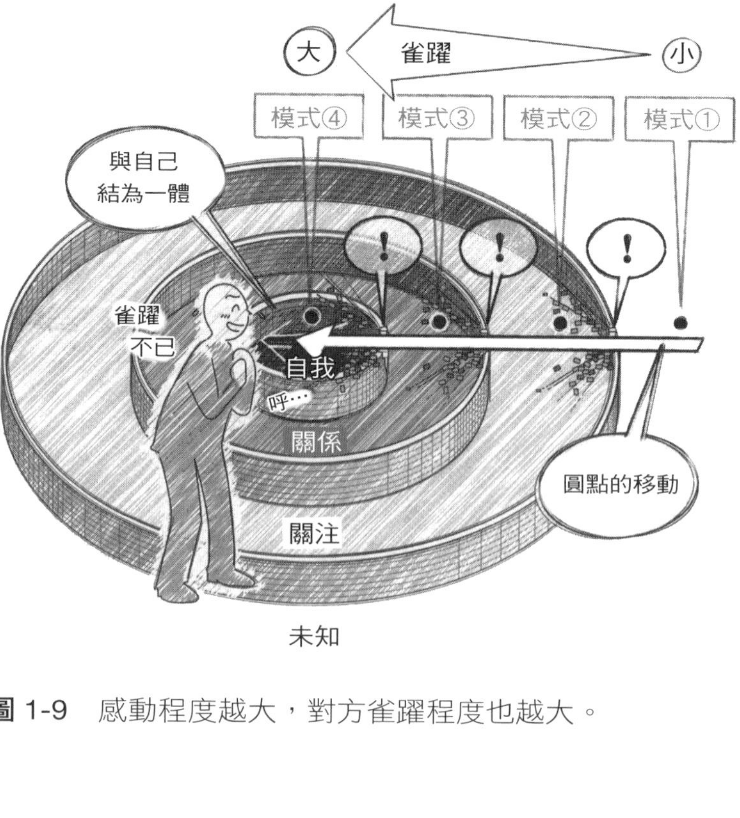

圖 1-9 感動程度越大，對方雀躍程度也越大。

人覺得感動時，會想告訴別人

人有一個特性是，會分享自己感興趣或影響自己心情的事，所以，一旦你學會感動說明，聽者會想將你說過的內容告訴其他人（見下頁圖1-10）。也就是說，你所說的內容容易擴散，進而產生影響力，如逐漸累積口碑，連在社群網站發文，會有越來越多人分享、轉貼，這也是感動說明的特徵。

我在駿台補習班工作時，我的講課內容和聲望，是藉由學生與朋友之間的對話，以及推特或2ch（按：類似臺灣的PTT）等社群網站的留言不斷傳開。

在某年夏季講習課，我下課、回到老師辦公室，有兩個男學生來找我，說：「能上老師的課真是太好了！不枉費我們從外地來這裡補習。」聽他們這麼一說，我便詢問、了解詳情。原來他們從千葉縣來到御茶之水（按：御茶之水位在東京，距千葉縣約四十公里）聽課，光單程就花了兩個小時。

這兩位學生明明是第一次聽我上課，卻願意花這麼多力氣，甚至冒著期待落空的風險來這裡，於是我向他們問了原因。

圖 1-10　人會把感興趣的事告訴其他人。

我在夏季講習會上的課程跟一般課程不同，必須另收費用，他們雖然第一次來，卻做了這樣的選擇，原因就在於網路口耳相傳的講課內容。他們說：「我們在網路上查過很多講師的口碑，在這些講師中，我們覺得老師是最好的！」

之後，我試著搜尋自己的名字。當然，並不是所有留言內容都是正面評價，不過網路上有很多學生的留言和貼文，上面寫著，他們因為我的課程進行方式、說明技巧和講課內容而受到感動，於是想分享給別人。

感動說明有型式

目前為止，我們談到為什麼說話無聊或有趣的原因，以及感動說明的定義。有些人認為說話要展現出風趣幽默來感動人，有些麻煩。其實不需要擔心這點，因為我在本書中介紹的感動說明，有型式，每個人都能使用。

我在駿台補習班工作時，一年要花一千五百小時上化學課。為了不讓學生聽膩，還要擴充學生的能力，所以我需要以說明——這種鄭重的方式來擄獲學生的心。但是，實際上講師不可能每次上課都準備新的說法來面對學生，這是很現實的問題。

正因為是在如此嚴苛的情況下，所以我才能彙整出八種型式，以便在說明時，隨時能加入趣味性。只要將話題（我的情況是化學），套用型式後，即可不費吹灰之力加工成有趣的談話。

這不是單憑我自己的經驗發明出來的，而是**我分析超過一千人的說明後，找到的方法**。

只要學會這些型式，就可以一口氣減少你和聽者之間溝通不良的狀況和壓力。

好的說明，就像擠涼粉

這本書談到的技巧，能輕鬆且確實的把想表達的事情，傳遞給對方，就跟用擠壓器擠涼粉一樣（按：涼粉為一種日本美食。把做好的食材利用擠壓器來分割，就能輕鬆的將涼粉製成長條狀，以便食用）。

假如將題材（涼粉）塞進型式（擠壓器）之後，再擠出來，就能不費吹灰之力讓聽者感動（見圖 1-11）。

只要學會感動說明的型式，就連乍看之下無聊的話題，都可以說得引起他人的興趣，這就是八種型式的特徵。從哪個型式開始學都沒關係，請各位可以從感興趣的型式開始讀起。

順帶一提，即使是同樣的話題，也會因為套用的型式不一樣，而使聽者感受到的趣味性也有所不同。

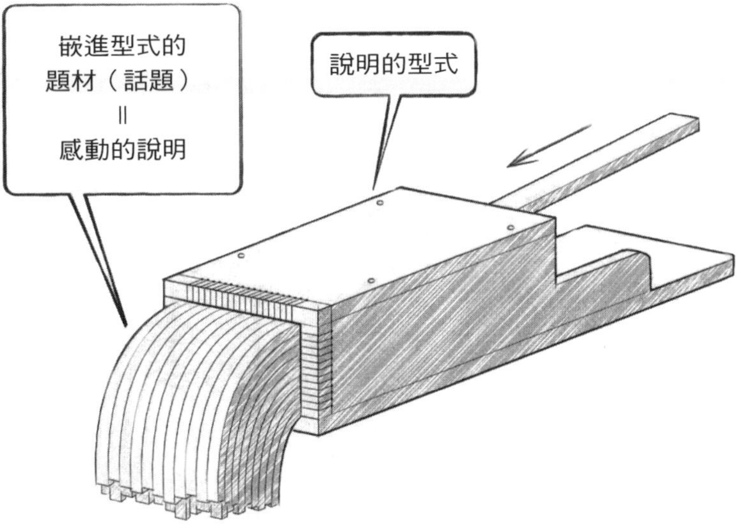

圖 1-11　將題材塞進型式就能不費吹灰之力讓聽者感動。

我們先用抗壞血酸來解釋。

抗壞血酸是維他命C的正式名稱，大學升學考也經常拿來出題，這種抗壞血酸其實很怕熱。

因此，這種物質在空氣中加熱後很容易氧化，且對人體的效益會減少大半。也就是說，維他命C經加熱烹調之後，就不會被人體當成營養素，而吸收進身體裡。

同理，即使是同樣的話題，使用的型式（烹煮維他命C的方式）不同，聽者感受到的趣味性和感動程度（吸收維他命C的程度）也會有所變化。關鍵不在於要不要套用型式，而是套用什麼型式。型式會決定談話的趣味程度，所以，要是烹調不當，難得的話題也就糟蹋掉了。

任誰都能學會感動說明

不論是誰都可以靈活的運用型式，就連嘴笨的我也能提升實際成效，就我的經驗而言，我負責的季節講習會陸續爆滿，更在我進入駿台補習班的第九年，季節講習會上聽化學課的人數，榮登日本第一。

對許多人來說，化學很無聊。不過，當我套用型式來講課，明顯跟其他講師有了不同。

假如只看臺風，有很多講師程度比我高竿，有的講師很會逗人大笑，連諧星都望塵莫及，可是我卻在這些人中拿出成果，原因就在於我的說明中，擁有跟笑點不同的有趣內容。

感動說明不需要依靠笑點，一樣能讓人雀躍不已。

我堅信，你一定也能學會本書傳授說明技巧。

當你拿起這本書的這一刻，就表示，感動說明已經進入了你的關注區，甚至突破了私事之牆，進入關係區。

只要繼續讀下去，接下來本書內容，就能破壞獲得之牆，進入你的自我區。

這本書將告訴你，無論是什麼話題，都能套用型式讓聽者感到有趣。

我們接著進入下一章，從感動說明不可或缺的原則開始介紹。

第 2 章

你開口，他神遊？從無聊到感動的原則

我在上一章解釋，為何有些人說話會讓別人覺得無聊。

接下來，我要介紹塑造感動說明的原則。為了讓自己說話不再無聊，且有趣，就得以這項原則為基礎。唯有打好基礎，才能靈活運用八種感動說明的型式（見下頁圖2-1）。

無論是什麼事情，建立基礎是最重要的。比方說，足球選手就算再怎麼提升運球和射門的技巧，若沒有藉由肌肉訓練或跑步提升基礎體力，也沒有管理健康，隨時調整身體狀況，那麼，其他球員自然不會指望他發揮力量。

就這層意義而言，本章提到的原則，是學習型式時不可或缺的一部分。

精準掌握原則，打造穩固的基礎，然後使用型式，我保證你能在短時間內展現驚人的成果。反過來說，假如你沒做好原則，型式效果會變弱，就算用再多型式，也難以拿出成果。

那麼，感動說明的原則到底是什麼呢？

其實就是，談話的內容到底有不有趣，由對方來決定。

沒做好原則，你開口，他神遊

講得更清楚一點，就算講者認為自己講得很棒，但如果聽者不覺得講者說得很好，那麼，講者說再多也沒用。

或許有人認為這是理所當然的事，不過，正因為是理所當然，所以大家往往會忽略這個道理。只要將這點牢記在心，就可以藉由說明跟別人拉開差距。

我以我在補習班工作期間

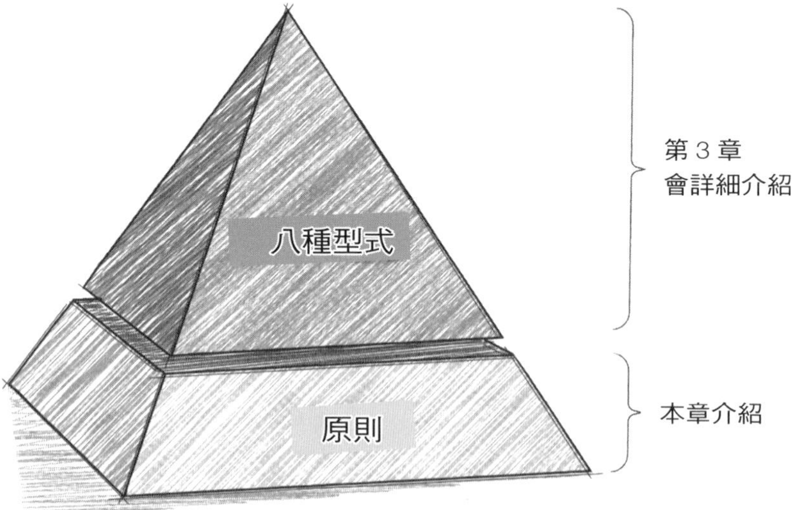

圖 2-1　感動說明原則是八種型式的基礎。

所發生的事，來說明沒記住感動說明原則，會產生什麼樣的缺點：

有一位化學講師在上完課後，跟其他老師抱怨：「今天也有將近一半的學生睡著了。為什麼他們不懂我教學的好呢？」

經過詢問，我才知道，那位講師以為學生會很高興，於是就講了大學程度的專業知識，換句話說，他講的內容已經超出升大學考試的範圍，他甚至提到工業用觸媒等話題。

雖然這些內容對於專攻化學的我來說很有趣，也想聽這位老師講課。不過對學生來說，他們希望講師先上課、解升學考題，因為這些內容，會直接影響他們正式考試的表現。唯有聽到老師提到跟升學考試有關的內容，學生才能感受到來聽這門課的價值。

聽者正面臨什麼事？聽者打算要求什麼？假如沒有先弄清楚這些事，就開始講自己認為是好的內容，聽者會因不覺得跟自己有關，所以選擇不聽、不關注。

以上述的例子來看，學生不覺得自己應該要學會講師說過的內容（話題）。換言之，這位老師沒能突破學生心中的三道牆，於是被打上了「上課無聊」的烙印。而學生也因此沒辦法吸收課程內容。

剖析聽者就可以迴避無聊

接下來，我會談該採取哪些具體行動，以守住原則。

若不想被人認為你說話無趣，就得剖析聽者——事先蒐集、分析和掌握聽者的相關資訊。既然談話的趣味性是由聽者決定，那麼，**了解聽者就是基本的準備**。

其實要做的只有一件事，那就是在開始說話之前，審視話題位在聽者的哪個區域，以及掌握聽者對此抱有什麼想法，這是剖析最大的目標。

當然，這個階段當中，最重要的是要盡量了解聽者的狀態。而掌握狀態的方法，可以從以下三個觀點著手：

觀點一：聽者的所在地。
觀點二：聽者的目的地。
觀點三：聽者的價值觀。

接下來，我會依序說明。

觀點一：聽者的所在地——現在在「哪裡」？

剖析聽者時，首先你要知道的是，談論話題現在位於聽者心中的哪一區（見下頁圖2-2）。接著調查自己要說的話題，聽者具備多少相關資訊量。

具體的方法是直接徵詢聽者，或事先進行調查。

例如，我在某企業舉辦員工教育訓練課程時，上臺演講前，我會盡可能的詢問企業的人事專員或向學員實施問卷調查，接著在課程開始前改良談話的內容，選擇有效的話術——也就是下一章要介紹的說明型式。

說得更清楚一點，我進行「提升說明能力的訓練課程」之前，先擬好問題，針對參與課程的學員，以問卷提出下列問題：

Q1 工作時，溝通上是否有感到困難或為難的地方？假如有，面對誰（如客戶等），會出現什麼問題？

Q2 工作時，是否因為「說明能力不足」而產生問題？假如有，是面對誰？出現什麼問題？

Q3 你希望在聽完本課程之後，能提升什麼樣的成果？

Q4 你在員工訓練課程受訓中，

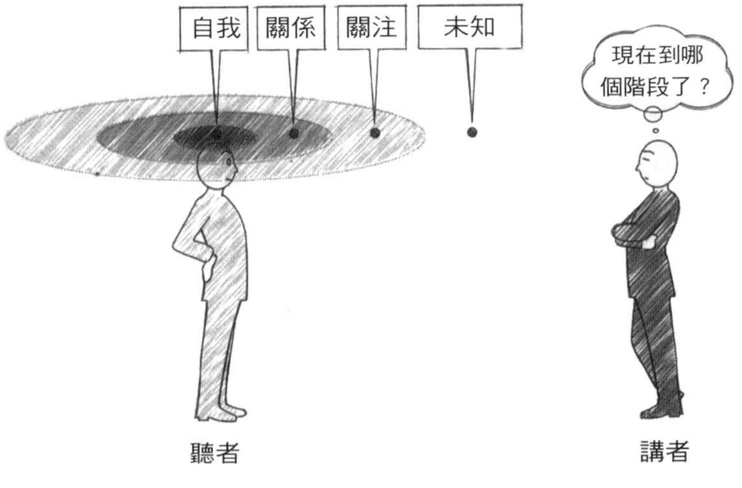

圖 2-2 事先調查，找出話題對聽者而言，處在哪個區域。

最期待講師說什麼？

Q5 請告訴我，你不想在訓練課程上做的事情，或需要了解講師什麼地方。

Q1 和 Q2 是為了看出對方的問題是什麼，處於哪個位置（關係區或關注區）。從對方的回答中，也可以大致看出，這裡沒提到的潛在問題（位在未知區的話題）是什麼。

另外，藉由 Q3 和 Q4，則能找出聽者想要活用什麼技巧；Q5 則是避免帶給聽者不快或做出傷人的發言。

▲提升推測精確度的方法

我在補習班上課時，幾乎沒辦法事先做問卷調查。所以，我會在教學前徵詢學生，或在上課前先考試。

大多數人對於考試的印象，是在課程告一段落後，老師為了檢測學生理解程度，所做的測驗。而我之所以先舉辦考試（這樣的考試叫做診斷性評量），是為了在講課前，盡量掌握聽者對於話題落在哪一區。

在某些狀況下，人們無法在說明前跟聽者接觸，我建議，這個時候就要想辦法推測。

提升推測精確度的方法有好幾種，例如，在研討會或演講開始前，若能看到參加者名冊，你就知道參加者屬於哪個企業、行業種類等，任何能從名冊中看出來的資訊，都有助於你分析參加者，然後，你再根據自己的經驗，來推測參加者是什麼樣的人。

還有一種狀況，是講者能取得的參加者資訊非常少。

我過去經熟人介紹，為新創企業業務員舉辦訓練課程時，就發生過類似的事。當時討論的主題是「提升說明技巧」。

那間公司沒有人事部門，而且每位員工都很忙，業務員幾乎天天都往外跑。所以，我沒辦法在研修前預先實施問卷調查。

於是，我想了其他方法——上網搜尋。我得知每一位員工都會使用推特和Instagram，為公司宣傳活動，於是我看了他們發文內容，以核驗說明技巧的程度。

光是從推特、Instagram 和其他社群網站，找出有可能跟研修內容直接相關的貼文，也能取得五花八門的資訊。

想學會感動說明，必須先徹底了解對方。這是迴避說話無聊不可或缺的要素。

觀點二：聽者的目的地——你想要對方變得怎麼樣？

觀點二的重點，是你想藉由說明，讓聽者變得如何。用前文提到的四個區塊來說，就是你想將話題，從聽者心中的哪個區域移動到哪裡（見下頁圖 2-3），並衡量，該怎麼訂目標，才能讓聽者在聆聽自己的話後，改變對話題的關心程度。

這時的關鍵，不在於自己「想要說什麼」，而是先確定自己想讓聽者「變得怎麼樣」。

從這裡逆推，你自然知道自己該說什麼。這也是第三章會詳細提及的事，釐清你該使用哪個型式來說明。

▲光憑回應對方的需求還不夠，你得讓他知道更多

首先，找出聽者的需求，了解聽者想要讓圓點移動到哪個區域。

以補習班為例，學生們希望考上大學、吸收知識，所以圓點會往自我區移動。而補習班得想盡辦法讓學生學會課程內容。

當然，有時聽者對話題的需求，是只要稍微關注即可（下頁圖2-4）。其實，這裡有一個關鍵——講者應該要拓展

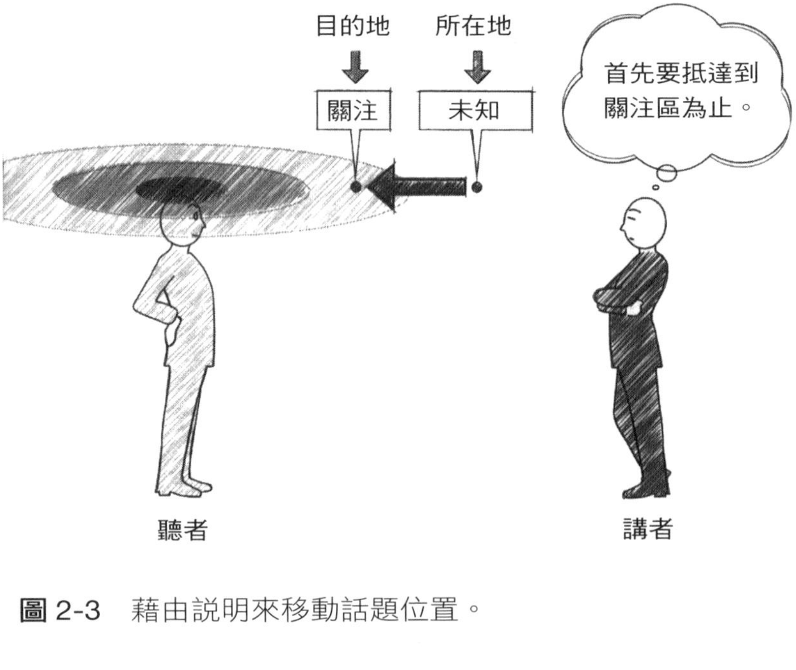

圖 2-3　藉由說明來移動話題位置。

聽者的視野。

即使聽者認為，只須稍微關注某件事就好了，不過，講者要想辦法讓聽者發現，事實上某件事情跟自己也有關係，也很重要。

我以「碰到災害時的應變措施」作為例子，或許能更容易了解。

雖然有時候電視上會播出災害相關新聞，但大多數人認為這與自己無關（認為自己不會這麼衰，碰到這類事情），所以不會去了解，碰到災害時

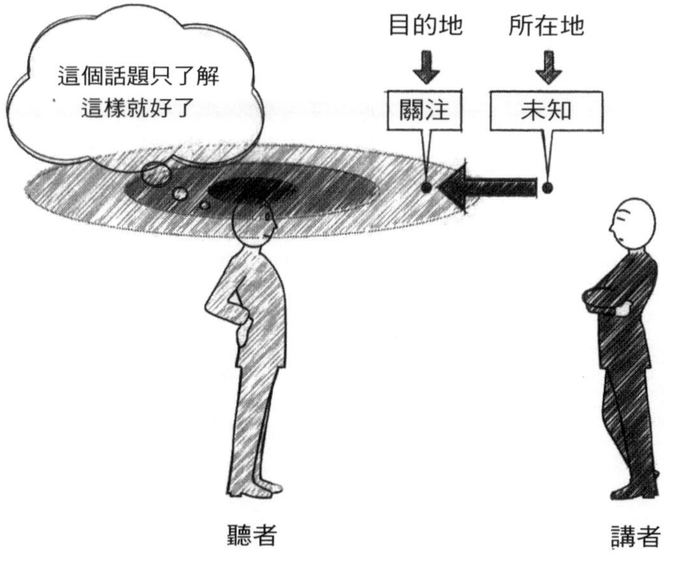

圖 2-4 聽者關心話題的程度，只停在關注區。

該怎麼辦，頂多對於應變措施有模糊的印象。

照理說，只要在發生意外之前，幫助聽者了解災害的應變措施和自己有關，而且帶領聽者熟悉每個步驟，如果哪天不幸發生災害，聽者就知道該怎麼行動。

這麼一來，該話題就對聽者產生龐大的價值。換言之，開拓聽者的世界，也是講者的任務。

附帶一提，就算是災害措施這種欠缺趣味性的話題，也能利用說明型式，讓聽者恍然大悟、感到有趣。

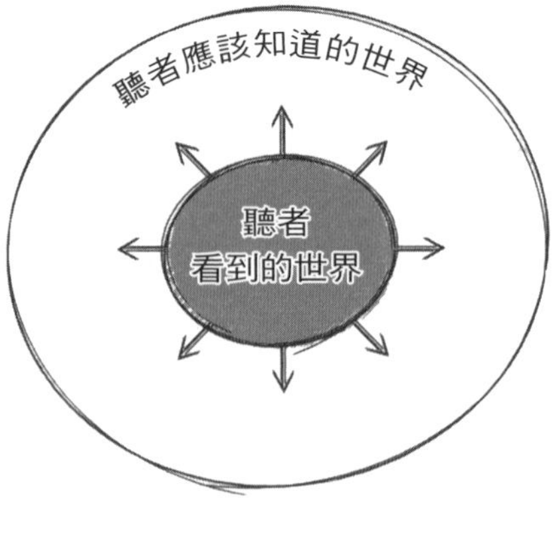

▲弄清哪個區域對聽者最有效益

講者必須冷靜弄清楚，圓點移動到哪個區域，對聽者來說最有用。能在說明時，弄清「抵達聽者要求的區域」和「抵達的區域，對聽者最有用」不同的人，才是真正優秀的講者。

附帶一提，我認為自我區對聽者來說，效益最大。當聽者認為，講者所講的內容和知識跟自己有關時，他便能完全吸收這些資訊（見圖2-5）。

為了讓圓點移動到自我區，你必須讓聽者產生想了解這些事的想法。能否做到這一點，自然要根據話題而定。舉例來說，當你提到「棒球的打法」，若聽者對棒球不感興趣，那麼，很難讓聽者想熟練棒球打法。

話說回來，若講者說的內容比

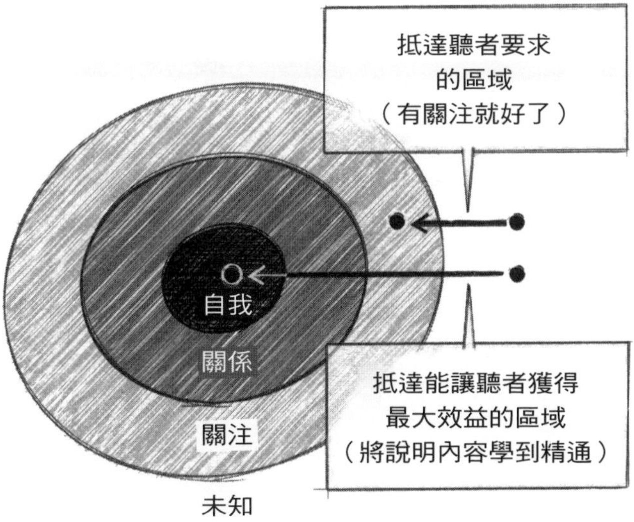

圖 2-5　當聽者對話題關注程度到達自我區，最能吸收資訊。

聽者要求的還多，也有風險——對方或許會覺得你多管閒事。

不過，就算這樣，我認為，為了讓聽者獲得最多效益，將目標設定成「自我區」也不壞。

既然是為了對方著想，他是否認為你多管閒事就無關緊要了。

觀點三：聽者的價值觀——他們怎麼想？

說話是否讓對方有興趣，多半取決於聽者的價值觀或當時的心情。

就如觀點一談到的一樣，知道聽者具備多少資訊量或對話題的了解程度，是很重要的事。

只不過說到底，比這更重要的，是聽者根據自身的價值觀——什麼是好，什麼是壞——來掌握話中的內容。這點會大幅影響聽者，覺得你說的內容是否有趣。

就算說話題材再怎麼吸引人、活用說明型式的話術再怎麼精湛，要是聽者認為你說的內容跟不上時代，他便把說明當作耳邊風。

根據我的經驗，學員對於我舉辦的訓練課程的主題「說明技巧」，往往抱持困難、棘手等負面印象。假如我一昧的表示說明技巧很簡單、說明很美妙，想必別人也不會輕易認同我的說法。

所以，我打算剖析聽者的價值觀跟感情。

那麼，具體來說，該怎麼做呢？

以我課程的主題「說明技巧」而言，首先我會在課程開始前，小心刺探對方對說明的印象。為了做到這點，除了直接提問或研究相關資訊的方法外，也可以觀察對方——拋出詞彙的同時，注意聽者的表情。

比方說，當我說出「邏輯思考」時，有的人會皺起眉頭或嘴角往下，這就表示他們對邏輯思考抱持消極負面的印象。認為「我做不到」、「好難」等。

另外，為了了解聽者的價值觀而事先研究，或是藉由面對面提問，知道聽者平常花時間在什麼事物上，也能幫助自己更正確了解聽者的價值觀。比方說：

「你平常看什麼樣的書？」

「你會參加哪些講者舉辦的研討會呢？」

「你平常會看綜藝節目或搞笑節目嗎？」

「你假日會做什麼？」

一個人的價值觀和心情會大幅影響感受趣味的方式。反過來說，假如能知道並分析這些問題，即可輕鬆找出突破點，讓別人能聽進你的說明。

想要打好基礎，吸引別人積極聆聽自己的說明，最好要像這樣盡量了解對方的價值觀（見圖2-6）。

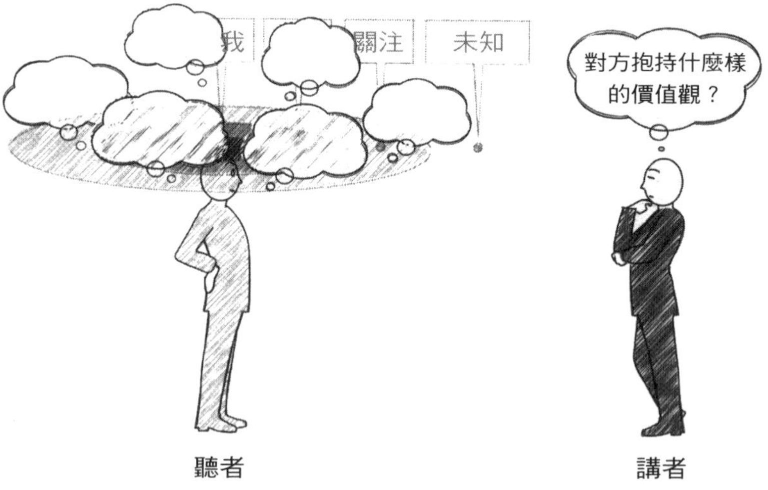

圖 2-6 跟別人說話前，先了解對方。

▲從價值觀洞穿聽者真正的目的

與聽者的價值觀越相近的話題，越能提升他聆聽的意願。當然，價值觀因人而異，假如聽者不只一個人，或許你會覺得要配合每個人的想法來說話，根本強人所難。其實了解這些人的共通價值觀，有一個訣竅，是思考對方聽你說話的目的是什麼？為什麼他需要聽你說明？

探究到最後，聽者們聽你說話的共同目的就浮現出來。

假如你說的內容跟聽者原本抱持的目的或價值觀落差極大，聽者便會認定：「這個人講的，跟我要的不一樣（見下頁圖2-7）。」

我在第二章開頭提到，有位講師對補習班學生講了大學程度的課程內容。那位講師的目的，是讓學生對化學感興趣和關注，愛上化學；而考生的目的，則是解開升學考試的化學題目（見七十七頁圖2-8）。

考生為了考上大學，花費高額的費用和寶貴的時間上補習班。對於絕大多數考生來說，解開化學題目，比愛上化學還重要。

的確，或許有學生打算進攻化學專業，然而他們跟只為了考大學，才來聽課的學生相比，人數明顯少了很多。

這麼一想就會明白，該講師沒必要把讓人愛上化學，當成最優先事項，而應該配合大多數學生共同目的，以解開化學問題為主。否則就算講者認為自己說明得再好，只要跟聽者的目的不一致，就有可能增加聽者的負擔。

關鍵終究在於客觀掌握聽者的要求。

將聆聽時的壓力降到最低

其實，藉由說明移動聽者腦中

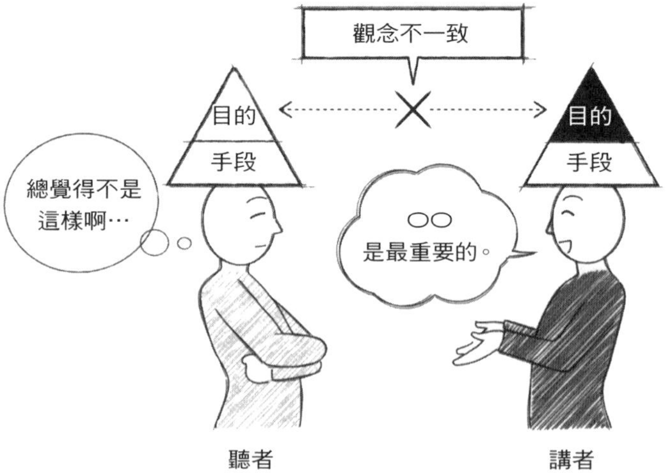

圖 2-7　講者說的內容跟聽者的想像有落差時，他聽的欲望就降低。

的圓點，並突破牆壁時，除了感到興奮外，也會伴隨著壓力。

尤其越靠近自我區，聽者越能感受到壓力（見下頁圖 2-9）。

人具有恆定性（homeostatic），這項功能是指人體內（稱為內部環境）會保持恆定，以免變化。

對聽者而言，吸收新資訊或新知識就等於是激發內部的變化。這會違背恆定性，所以在不知不覺中產生壓力。

尤其是將圓點從未知區移動到自我區時，因為要破壞三道牆，所以伴隨的壓力更大。

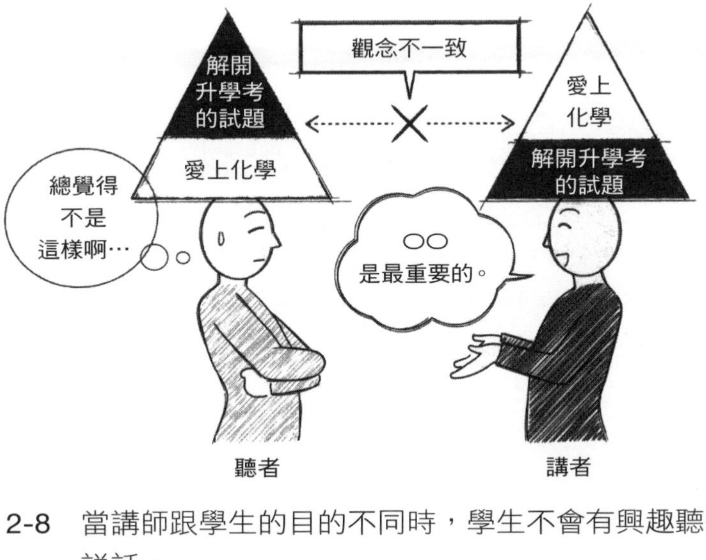

圖 2-8 當講師跟學生的目的不同時，學生不會有興趣聽他說話。

比方說，我在化學課程上，會談到凡特荷夫定律（按：滲透壓與溶液的濃度和溫度成正比）或反應熱加成性定律（按：說明在條件不變的情況下，化學反應的反應熱只跟反應物的起始、終了狀態有關，與變化途徑無關）。假設必須跟文組學生講這些，並讓他們能靈活運用，我要怎麼做呢？

要怎麼說明，讓他了解自己需要知道這些知識？要怎麼讓對方有興趣和關注？要怎麼提出這些定律的必要性？要介紹哪一種

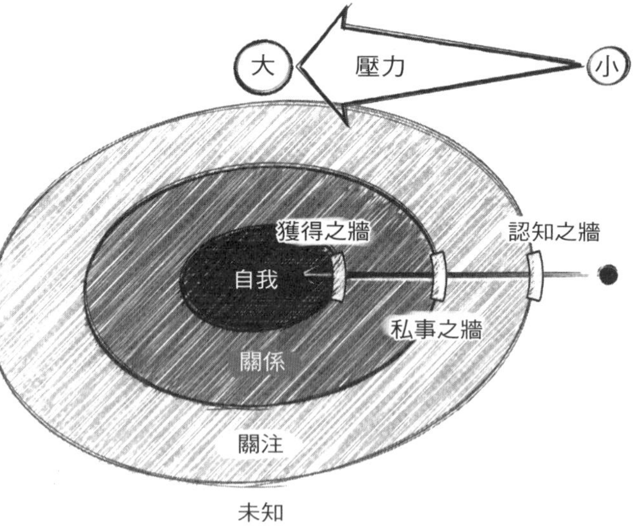

圖 2-9 吸收新的資訊都是知識，會讓人在不知不覺中產生壓力。

技巧訓練，才能讓他學得會？

如果我把這些想說的內容，一次講給文組學生聽，文組學生必定會產生很大的負擔。不過，當講者逐一衡量步驟，順利突破聽者心中的三道牆，就能降低聽者的壓力。

為了將壓力降到最低，就需要細查話題，藉此縮減資訊量，要是資訊量多於聽者的需求，聽者便無法吸收資訊。除此之外，還有一種情況，是有些人生理上怎麼也無法接受某些話題，所以沒辦法消化資訊。

資訊消化不良是產生壓力的最大原因。

這就像，你明明吃飽了，卻有人不斷端出菜餚，或是雖然餓了，料理卻都是自己討厭的食物，因不想放進嘴裡。於是壓力會不斷擴大。

換言之，若聽者無法好好消化訊息，他不但不覺得有趣，還會有負擔，所以，要盡量避免。

就算談同樣的話題，是否產生壓力也因人而異。

舉例來說，前文提到凡特荷夫定律、反應熱加成性定律——對文組考生來說，要了解這項知識，會覺得困難、有壓力；但對於理組考生來說，即使談到同樣的事情，他們能較快理解內容，而心理相對沒有負擔。當然，理組考生中，也會分擅長化學跟不擅長等兩種，因此，產生壓力的大小也因人而異。

換句話說，預估對聽者造成的壓力時，也需要剖析聽者。只要執行目前為止談到的訣竅，就可以逐漸掌握對聽者造成壓力的程度。

難懂，是最大的壓力

我有一個方法，能順利突破聽者的三道牆，將聽者的壓力降低到極限，那就是，把難懂的事情，說得淺顯易懂。

當你和聽者的知識與理解程度有如鴻溝時，聽者看著這段差距，會覺得困難。所以，當你說話清楚易懂，就能縮短彼此差距，聽者可以越順利突破牆壁，他所感受到的壓力也會減輕許多。

假如各位對這種好懂的說明技巧感興趣，請一定要閱讀拙著《簡單說：七個公式教你複雜話輕鬆說》。

最後，我要告訴各位讓這項原則穩固的最佳方法：關注聽者。

講者對聽者是否感興趣和關注程度，將會決定剖析聽者的成敗，這話可不是誇張。

為了讓別人積極接受自己的說明，必須先讓聽者產生興趣。

從下一章開始，我將首次公開感動說明的型式。

型式總共有八種，從哪一個開始閱讀都可以。請務必將你的型式從關注區移動到自我區。

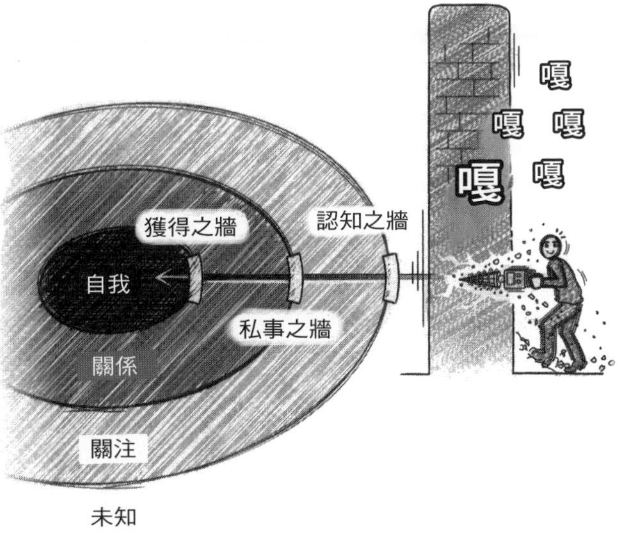

第3章

感動說明的型式，懂一種就超強

1 告訴對方，這件事對他有啥好處

你講話講到一半，結果對方開始玩起手機、跟其他人聊天，或是開始昏昏欲睡……他展現出來的態度，就像露骨的說：「你說話很無聊。」

別擔心，只要你學會感動說明，當你對其他人說話時，都能讓聽者覺得有趣。

我以補習機構講師的身分，把超過十九年的說明經驗，轉化成人人都能活用的型式。之後，我把這套技巧傳授給某位商務人員，過了沒多久，對方就擔任了公司內部的課程講師，且獲得高度好評，連公司外聘請的專業講師都相形見絀。

首先，我要介紹的第一個型式，是「訴諸效益」。

簡單來說，就是告訴對方聽你說話有什麼好處，用目標（話題）來刺激聽者的需求。當然，若講者和聽者之間有深厚的信賴關係，則另當別論，不然，大多數人在聽到別人說話時，通常會先想：「這跟我有什麼關係？」

所以，先把好處告訴對方，才能調整對方的態度，讓他好好聽你說話。

再加上，聆聽說明的效益，多半也會變成聽者沒有察覺的潛在需求。所以，只要明確傳達這一點，就能提升對方聽你說話的動機。

只要利用這個型式，就能軟化阻擋人感動的牆壁，讓話題進入其他區域，哪怕話題最初位在未知區，有時也可以一口氣移動到關係區，甚至自我區（見圖 3-1）。

使用這個型式四個步驟：

一、點出對方的問題，讓他發現聽

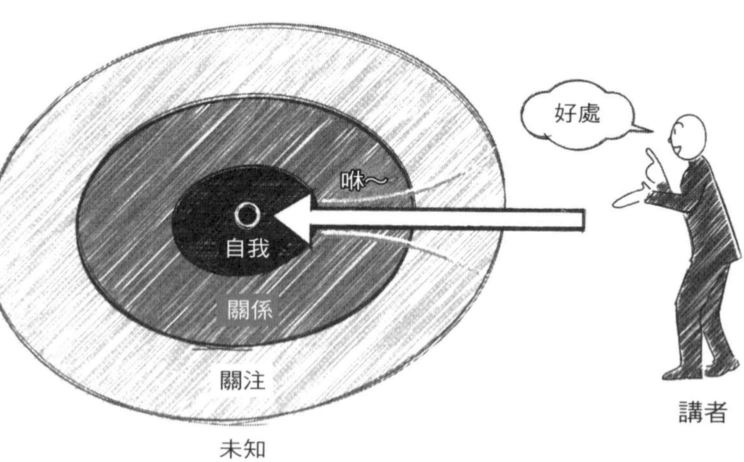

圖 3-1　表達好處，話題能瞬間進入自我區。

你說話有好處。

二、介紹成功案例，讓他有明確想像。

三、證明你有資格提出這項效益。

四、能夠享受效益的具體步驟。

光靠遵循這幾個步驟，就可以讓對方明白，他能在對話中得到什麼好處，進而感受談話內容中，所蘊含的龐大價值。

我們來逐一說明各個步驟。

步驟一：點出對方的問題，讓他發現聽你說話有好處

這時要先告訴聽者，應該解決的問題是什麼。

假如聽者從一開始就知道，本身應解決的問題（或需求）是什麼，那麼，就可以將話題從關係區推到別的區域。不過令人意外的是，大多數人多半不知道自己有

哪些問題或潛在需求。

以考生為例，很多人會花二十分鐘解開某種類型的考題，但只要用對方法，五分鐘就能得到答案。但是，絕大多數的考生不知道這件事，所以他們沒察覺自己浪費時間解題。

同樣的，我在當企業的顧問時，也遇到很多案例，是客戶沒發現自家公司應該解決的問題。所以，假如我沒讓客戶注意到公司的潛在問題，並主動說明解決問題的效益，對方就不會把我提出的解決方案聽進去。

正因為有非常多人不知道自己要什麼，所以講者才必須從說明切入，讓對方察覺問題和效益分別是什麼。

遵循這道步驟，便能讓對方願意聽你說話。

首先，說明時要揭露聽者潛在的困擾或煩惱。比方說，我要擬定企業的員工教育訓練企劃，我對人事負責人提出以下的建議：

「員工教育訓練的最大目的是什麼？那就是將課程學到的知識及技巧，活用到業務上。要是不會應用，**投入課程的費用就會變成冤枉錢**。

「避免這個問題的關鍵，在於替內容設置一套制度。敝公司會搭配修訂過的講義和後續要觀看的影片，建立制度，方便員工複習上過的內容。這點跟其他公司不同，是敝公司最大的長處。」

也就是說，如果不會應用，投入課程的費用，很有可能白白浪費。所以，你得大膽且清楚的告知對方，他們有這個問題，這就是關鍵。

只要這時再提出解決方案，以傳達出「聽我說明，能為你帶來效益」，對方就會願意聽你說話。

歸納目前的內容，即可發現第一步有三個重點：

- 說出對方「還做不到」的事情。

- 製造對方的痛處（以上述的例子來說，是浪費錢）。
- 提出具體存在的解決方案。

換句話說，就是告訴對方：「現實擺在眼前，不要事不關己。」這麼一來，聽者就會覺得：

「這個狀況或許很不妙……。」
「的確，接受這項服務之後，似乎就會比現在更好。」
「想繼續聽這個人說話下去。」

步驟二：介紹成功案例，讓他有明確想像

用一句話形容步驟二的目的，就是藉由介紹成功案例，讓聽者在腦中想像自己（或公司）成功的樣子，於是想：「只要專心聽這個人說，似乎可以解決自己（自家公司）的問題。」介紹的成功案例，具有讓對方這麼想的力量。

以步驟一的例子為例，在點出問題之後，追加以下的解說：

「目前為止，敝公司輔助●家公司舉辦員工教育訓練課程，其中有一個案例，是東京證券一部上市企業○○公司，他們也實施這套教育制度。

「課程結束兩個月後，該公司留職率超過八○%。這家公司實施敝公司訓練課程以前，平均留職率為四○%。除此之外，每位學員的滿意度調查，也超過九○%。」

像這樣以專有名詞或實際數值，來呈現客戶的成功案例和結果，讓聽者有更具體的想像。這麼一來，對方會覺得，自己（自家公司）或許也能辦到。

步驟三：證明你有資格提出這項效益

步驟三的目的，是讓聽者對講者產生安全感和信賴感。

步驟二結束時，聽者的腦中已經湧現成功的寫照。這時就要大膽的乘勝追擊，例如：

「為什麼講者能夠帶來這項效益？」

「為什麼可以建立這樣的效益？」

像這樣向對方說明，講者能提出這項效益的明確理由，以及這項效益的根據是什麼，而不是賣關子：

「其實我在駿台補習班當講師時，撰寫將近十本的課程講義，之後獨自研究搭配數位學習（e-learning）的混成學習（blended learning，混合多樣的學習途徑或工具），並在教導學生時，實踐這套方法。

「混成學習能讓某人利用數位傳遞知識，讓他人能趁著空檔聽課。「結果，採用混成學習的課程，不但可以提高學員個人的學習率，也能夠藉由辯論或其他方式，增加機會來培養學生的思考能力。另外，講課內容會收錄在影片中，讓學生在自己喜歡的時間收看。我也會不定期實施抽考，這麼做是為了複習上課內容。

「採用混成學習的課程熟練度高，實際上，超過九〇%的學員表示，混成學習優於一般研討會或上課方式。

「類似這樣，從教育現場實踐獲得的研究成果和知識，也可以套用到企業教育課程上，讓複習課程內容的制度變成可能。這就是敝公司最大的賣點。」

像這樣，講者以經歷、功績和其他事實為基礎，表達自己為什麼有資格提出解決方案，來消除聽者的問題。而你提出的方法，也會成為提高對方安全感和信賴感的依據。

此外，這也會讓聽者認可、激勵自己之後要確實實行。這麼一來，聽者會設法解決揭露的問題，於是聽你說到最後。

步驟四：能夠享受效益的具體行動

最後要談談步驟四的相關細節，這個步驟是為了促進聽者的行動。感動說明在打動對方時，才會顯露出價值。

假如聽者能明白前面三個步驟的說明，那麼，他會想好好的吸收你說的內容。換句話說，圓點會從關係區移動到自我區。

這時要告訴對方該遵循什麼樣的行動，才能活用這些內容。

請各位記得，使用型式一時，最重要的關鍵，在於必須確實做到步驟四，不要停留在步驟三。

要是聽者把注意力都放在講者身上時，講者卻沒有透過說明促使對方具體行動，那麼，聽者的衝勁就會減退，於是他關心話題的程度，就停留在關係區。

為了讓聽者有所收穫，就算需要耗費時間跟力氣，你還是得明確的解說對方該怎麼做。

我有兩個方法，能幫助你清楚說明：

一、以時間序列。

二、以目的、情況。

▲以時間序列

人的動作和思考受時間軸主導。因此，只需按照時間序列來說明，聽者之後就能順利展開行動。

這種概念就像是讓聽者爬樓梯一樣（見下頁圖3-2）。講者輔助聽者一階一階的往上爬。

舉個例子，我補習班的課程當中，最受學生歡迎的是獨門解法手冊。

大學考生不擅長的化學主題，是蒸氣壓、滲透壓、反應速率、離子平衡和溶度積。過去我作為考生時，沒看過有參考書歸納出這類題目的解題步驟。

後來，我將解題的序列切割成零碎的步驟，並編纂成冊，只要出現這類考題時，便能見招拆招，以最快而完美的方式，解開高難度問題或考生不擅長的題型。

這本手冊對學生來說難得可貴，結果這成為我在這個補習班的賣點之一。

依照時間序列，妥善說明並把其過程切割成具體行動，

圖 3-2　依時間來說明，輔助聽者一步步了解內容。

不只能促進聽者學習、很快學會講者所說的內容，聽者關心該話題的程度，也會移動到自我區。

有些人在講解前，會想：「我已經學過這個東西，也辦得到，可是我很難用言語去解釋做法。」

我認為，這時就要依照序列，來劃分自己平常進行的過程。就算沒辦法制訂定出嚴密的程序，光是這麼做，然後說出來，也能感動對方。

▲以目的、情況來說明

這個方法要配合聽者現在的狀況和追求的目標，來調整說明內容。

只要這麼做，你在向對方解說時，內容鎖定在聽者需求上，之後，他會比較容易付諸行動。

比方說，要針對志願考上國立大學醫學院的人演講時，可以這樣說明：

「同樣是醫學院，國立和私立學校的應考策略完全不同。假如，無論如何都要上國立大學，絕對不能埋頭猛寫高難度的題庫。

「剛開始，該做的是天天接觸大學測驗中心的考古題，記住常出現的題型。這是增加考進國立大學醫學院機率最好的策略。若把測驗中心裡的考古題看超過八〇%後，再正式展開第二次測驗的應對措施……。」

這是針對「就讀國立大學醫學院」，提出「以測驗中心應對措施為考試用功的主軸」的具體步驟。

當然，針對以「就讀私立大學醫學院」為目標的人，就要說明別的策略。

但不管是上述哪種，關鍵都在於配合聽者的目的，將談話方向瞄準到聽者身上。這麼一來，聽者就知道該採取什麼行動，也容易付諸實行。從結果來看，對方容易提升成果。

其實，訴諸效益這招很常見，但人們往往會忘記這個方法，也有些人會覺得這個方式太過刻意，而猶豫是否採用。

但我認為，為了打動聽者的心，妥善向聽者表達，聽了你的說明後能得到什麼效益，是很好用的技巧。

重點整理

說明好處一共有四個步驟，依序為：

一、點出對方的問題，讓他發現聽你說話有好處。
二、介紹成功案例，讓他有明確想像。
三、說明你有資格提出這項效益。
四、能夠享受效益的具體行動。

有兩個方法能清楚說明步驟四：以時間序列來說；以目的、情況來說。

2 對比：製造落差，人會因此感動

「老師……我沒辦法把手畫好，怎麼辦？」

「你不能只想把手畫好。試著仔細描繪手以外的景色，利用對比，就能突顯手了。」我國中時，在美術課素描自己的手，當時老師給我的建議，至今仍清楚的留在腦海裡。

對比——為了弄清彼此的不同而比較。

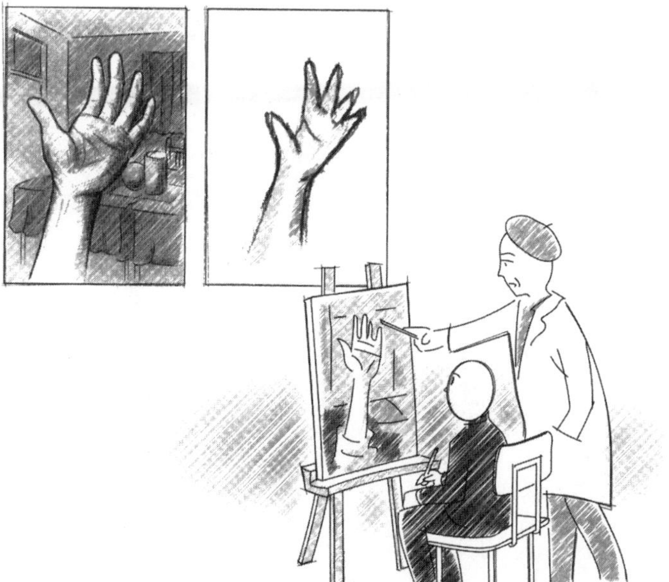

人天生喜歡猶如對立結構般的對比。以運動來說，就是「中央聯盟vs.太平洋聯盟」；政治則是「執政黨vs.在野黨」。

其實，這種對立結構也能套進說明中，讓聽者覺得有趣。使用對比型式的目的，就是說明A跟B有不同，更能觸動聽者。

那麼，為什麼使用這個型式，就可以讓聽者感動呢？

人因對比而感動

以本節開頭提到的素描來說，將手和背景做出差異後，就可以讓手變得顯眼。說明也是同樣的道理。若想要明確表達A，也得說明A以外的事物，使A的形象變得更加清楚（見圖3-3），讓聽者恍然大悟。哪怕是聽者以往完全沒意識到的事情，也能讓他覺得「這跟我也有關」。

例如，若有人實施香蕉早餐減肥法，你可以告訴他：「最近很夯的減醣飲食減肥法，比香蕉早餐減肥法更快、更健康。」

換句話說，利用對比減醣飲食減肥法（對聽者來說，該方法落在未知區）跟香蕉早餐減肥法（位在關係區），一鼓作氣將減醣飲食減肥法移到關係區。

人類是經由比較才能深入了解事物的生物。換言之，對比能讓圓點從未知區出發，突破認知之牆和私事之牆，朝關係區移動（見下頁圖3-4）。

接下來，我要介紹一些方法，讓你在說明時，善加活用對比。簡單來說，根據對比的數量來區分：

圖 3-3 利用 A 以外的事物，來突顯 A。

一、一個也能做比較。
二、對比兩個事物。
三、對比三個以上的事物。

方法一：一個也能做比較

第一種方法，是只用一件事物來對比。

有些人認為，所謂的對比，就是（至少）對照兩個東西，如果只有一樣東西，就沒有辦法做比較了。

其實，就算只有一個事物，也可以呈現對比。舉個例子：

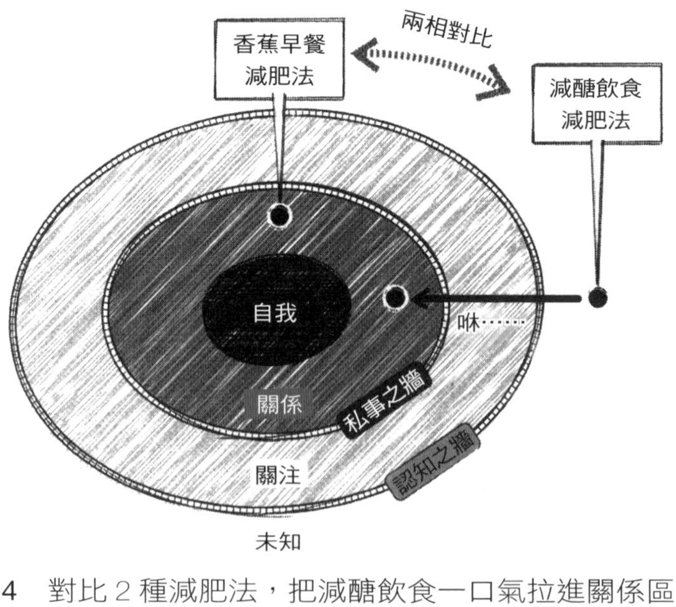

圖 3-4　對比 2 種減肥法，把減醣飲食一口氣拉進關係區。

「可以瞬間解開東大（按：為日本東京大學的簡稱）難題」，這句話中，事物只有東大難題。一般認為，難題需要花時間解答，但這句話卻說可以瞬間解開，這麼一來，「難題」跟「瞬間」就成了對比。

想在一件事物加入對比，來打動聽者，訣竅就是要呈現極大的落差。你可以利用以下句型，馬上看見效果：

- 「即使是○○，也……。」
- 「明明是○○，卻……。」

只要記住這個句型，便能輕鬆展現出對比。假如能加入明確數值，聽者就更容易想像了。舉例來說，我教過一個學生叫長谷川光，偏差值（按：利用統計算出來的數值，用來推估學生的學力）只有二十四。但他現在是醫學院學生。我在課堂和家長會上介紹長谷川錄取醫學院的經驗談時，曾提到偏差值二十四「也能」就讀醫學院，這對許多人來說衝擊性十足，因此得到巨大迴響。

這件事經由學生、家長口耳相傳，我因此陸續接到演講邀約，主題是「就算偏差值二十四，也能就讀醫學院的方法」，有許多想進入醫學院的考生和家長，紛紛報名參加演講。

在演講結束後，我收到「我以為我不可能讀醫學院，現在才發現能考上醫學院的方法」、「這場演講讓我收穫很多，有如茅塞頓開」等感動之聲。可以說，偏差值二十四和考上醫學院的差異，打動人心。

我相信只要建立正確的策略，任誰都可以考上醫學院。

但如果我只說「考進醫學院的策略」、「成績不好的孩子也能考上醫學院」，由於沒有加入具體數值，很難激發眾人的想像，想必沒人會理我。

這只是其中一個例子，簡單來說，只要在呈現對比的同時，加入數字，就可以讓差異，變得明顯。

▲讓聽者處於落差之中

要對比一件事物（或話題）時，若那件事物位在聽者的未知區，就會提高使聽者感動的難易度。這時的祕訣，在於讓聽者本身處在差異中，進而使圓點移動到關係區。

舉例來說，考生阿學的偏差值是三十。他聽說有一個方法能幫助人考上醫學院。對他來說，方法處在未知區。

假設這個方法是針對偏差值四十五的學生考上醫學院，而非前面提到的偏差值二十四的學生。那麼，對阿學來說，他認為「自己的偏差值比四十五更低，所以這個方法並不適合自己」，由於跟自己無關，所以不會再關注這個方法。

換句話說，就算讓話題從關注區移動到關係區，只要聽者認為自己辦不到或話題跟自己無關，那麼話題也突破不了私事之牆（見下頁圖3-5）。

於是聽者卡在認知之牆和私事之牆之間，動彈不得。

不過，當講者拉大差距，將「偏差值二十四」和「考上醫學院」放進話題中，就能讓這類的聽者心想：「這件事跟我也有關係！或許我能辦到」於是願意傾聽說明（見一〇九頁圖3-6）。

方法二：用兩項事物對比

接下來介紹第二種對比模式，也是很常見的方法。首先找出兩個事物，然後比大小、高低。跟第一種對比模式一樣，如果能利用數值突顯其中的差異，更容易在聽者心裡留下衝擊。

舉例來說，我在化學課會提到電池。電池種類五花八門，而電動汽車和

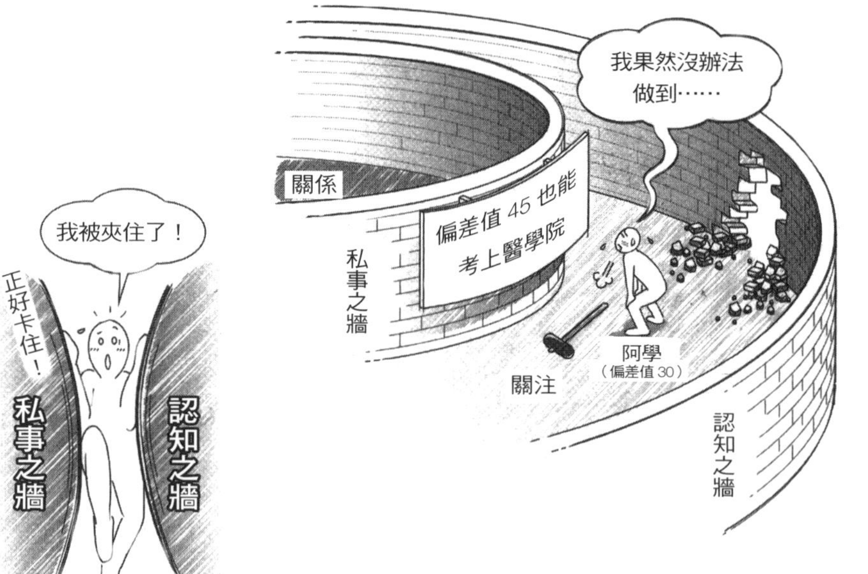

圖 3-5 雖然知道了有方法可以考上醫學院，但若對阿學來說，該方法實行有困難，他就不會想深入了解了。

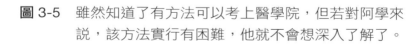

太空梭等運輸工具用的是燃料電池。

我解釋燃料電池時，即便說：「燃料電池的電力其實很弱。」也很難讓學生清楚燃料電池的電量到底是多少；可是當我解釋：「燃料電池的電力，比手機電池還弱。」學生們往往會覺得驚訝。

當我接著加入數值：「燃料電池的電力約為一．二伏特，只有手機電池——鋰離子電池電量的

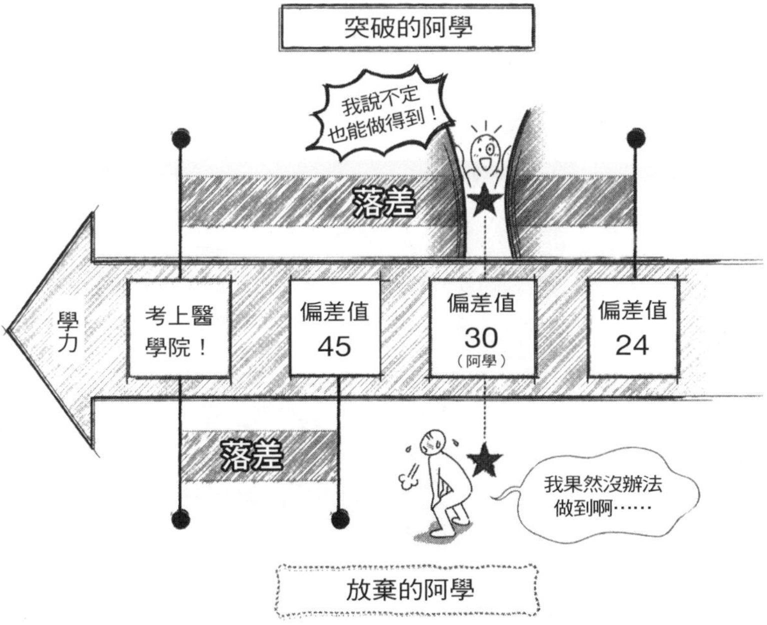

圖 3-6　當事人也在落差之間，就會想了解話題。

三分之一左右。」

將燃料電池跟鋰離子電池兩相對比，再增添數值之後，能清楚表達出燃料電池有多微弱（見圖3-7）於是這個知識便在學生心中，留下了衝擊。

雖然利用數值可以為聽者留下深刻印象，但有時候，我們沒辦法在說明中利用數字來表示。例如：「我的太太比我還要有氣魄。」

氣魄無法用數值表示，很難再利用對比說明。若想將「妻子有氣魄」說明得更具體，可以加入一些小故事，讓聽者心服口服。

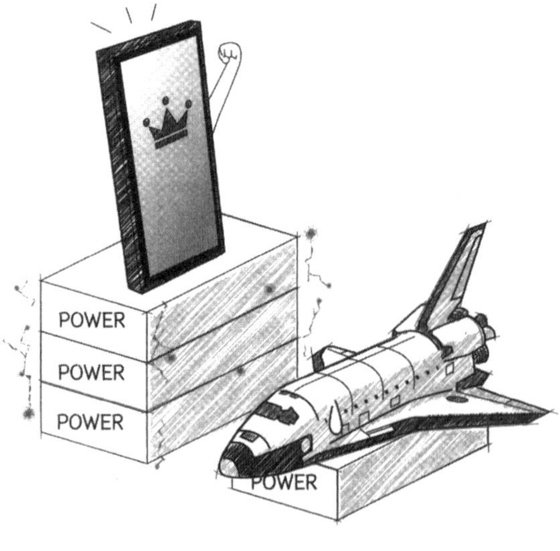

圖 3-7　用 2 項事物來對比，聽者會更有想像。

方法三：比較數量超過三個

最後一個模式，是對比超過三個事物，我認為使用第三種模式時，只要利用平均值，就能清楚表達了。

因為人會在意自己在人群中，處於什麼位置。也就是說，說明時，面對的對象是一群人（超過三人），用這招會很有效。

只要說明聽者所處的位置，比平均值高或低，就能讓圓點從未知區移動到關注區。以薪水為例，要判斷自己得到的薪水是多是少，可以看國內或者是該業界的平均薪資。

根據日本二〇一七年的統計資料顯示，國稅廳公布的平均薪資約為「四百三十二萬日圓」。民眾必然在無意識中，比較這個數值和自己的薪資差多少。

或者，若聽者想知道自己在所屬集團中處於什麼位置。講者可以對他說：「你在這家公司出人頭地速度在平均之下。」

聽到別人這樣說，相信很多人會覺得心驚膽跳。即使沒有講得那麼直接，但在說明時使用平均值三字，來比較聽者和其他人，那麼，聽者就不會覺得事不關己。

關於這個方法，可以套用的句型如下：「雖然這是●●（數值），平均值卻是××（數值）。」

最後要介紹的，是破壞力超群的武器，稱得上是對比型式的終極形態：

- 挑選。
- 假想敵。

讓聽者知道：「我幫你選好了」

首先，從第一種——挑選開始，這種說明要表達的，是「從眾多事物中比較及挑選」。

我在補習班負責為醫學院考生打造的當紅講座，我在籌畫講座內容時，就是活用挑選。

雖然在這個講座上，我會發自製講義，但上課時，我告訴學員：「這份講義是從所有醫學院最新年度的入學考試中，挑選題目並收錄而成。」學員聽了之後，都會帶著雀躍的表情專心聽課。

另外，我講義中的說明，也會穿插這類的句子：「這是從二十五年分的入學考題中，挑選出相同考題類型」，藉此一口氣提高學生的熱情。

順帶一提，我幾乎每天看電子報《商業書馬拉松》（*Business Book Marathon*，俗稱 BBM，由 Elies Book Consulting 代表董事土井英司先生發行）。

我之所以會看這份電子報，是因為土井先生讀過超過兩萬本商業書，他會從中嚴選佳作介紹給大家。例如，其中一期電子報上提到了《這是你的船》（*It's Your Ship*，麥可・艾伯拉蕭夫〔Michael Abrashoff〕著）。

那篇介紹文的說明是「一千本書中的一本名著」，短短一句話就可以明白是從兩萬本書中挑選出一千本，再從中選一本名著。

我想表達的是，從龐大的數量當中挑選再介紹，能讓聽者感受到可貴，且贏得更多信賴，讓聽者覺得「只要是挑選過的，我就想知道」。

在資訊爆炸的時代，只要讓人認為「這個訊息，是講者幫我從眾多資訊中，精挑細選出來的」，對方能因此從你的話中，感受到龐大的價值。你可以使用下列這個句型：「我從〇〇中，選出了××……。」

製造好用的假想敵

第二種對比武器是假想敵，這個方法的目的，是讓聽者的目光朝向某一個方向（見圖3-8）。

換個方式來說，就是藉由製造、設定假想敵，找出自己和聽者之間共通的價值觀。這也是我在第二章談過的原則觀點三——聽者的價值觀。

那麼，該製造什麼樣的假想敵呢？

用一句話來說，就是「對自己（講者）來說，好用的敵人」。

講者要刻劃出跟自己的主張對立的敵人（當然，那樣的敵人是否實際存在，是另一回事）。接著，讓敵人出現在自己的主張和說明之中，藉此提升自己與聽者的同感程度。

那麼假想敵該怎麼具體設定呢？

簡單來說，具體設定假想敵。有兩種方法：

敵人Ａ：邪惡。

敵人Ｂ：不便。

▲敵人Ａ：將邪惡的設定化為「概念」

首先，從敵人Ａ開始說明。這個設定在電視動畫英雄片中很常見。

正義與邪惡是對比關係。換言之，與

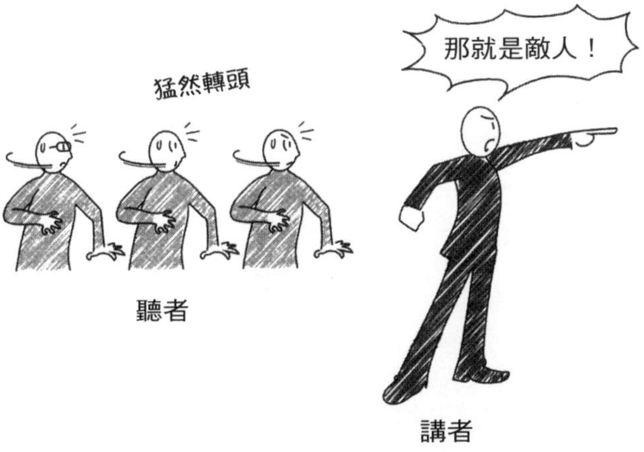

圖 3-8 設定假想敵，讓大家目光朝同一個方向。

其一味主張自己是對的，還不如唱反調比較能影響聽者。

這裡設定的假想敵越強大，聽者越容易覺得興奮。舉例來說，與其說「變成世界第一的祕訣」，不如說「打倒（超越）亞馬遜的祕訣」，這樣更能讓聽者熱血沸騰。

所以，首先要宣揚假想敵的強大，像是說「有這麼厲害的敵人」或「我們面對的傢伙，是個天大的壞蛋」，讓聽者知道有敵人存在。然後套用這個句型：「絕不能輸給○○。」

只不過，若中小型企業經營者要正面挑戰實際存在的強敵（大企業），很有可能被打得落花流水。

所以，假想敵要避開實際存在的人物和企業，而是把「概念」當作反派，如貧困等。此外，以實際存在的人物或企業作為敵人，很有可

能不小心被對方告妨礙名譽，這點要特別注意。

我唯一一次懷著遭人怨恨的心理準備，將實際存在的對象設定成假想敵。那個假想敵是敲竹槓的醫學院專攻補習班。

我跟人合夥經營的「WorkShop」補習班，經營理念是「消除教育差距」。因此，雖然課程的品質和實際成果維持在業界龍頭水準，學費卻設定在平均以下。

所謂的醫學院專攻補習班，顧名思義就是專攻醫學院考試的補習機構。這種補習班當中，有不少機構會向學生收取學費一年五百萬日圓至一千萬日圓。

而且，敲竹槓的補習班當中，有的機構以不想讓補習班榜上成績下滑為由，而以高中偏差值和過去模擬考偏差值，來決定要收哪些學生。

這種披著教育外皮的補習機構，做著天理難容的生意，令人生氣。而我經營補習班時所懷抱的期許，就是想要肅清不良同業，追求健全教育產業的繁榮。

所以我懷著遭人怨恨的心理準備，將這種惡劣的補習機構設定為假想敵。

▲敵人B：解決他的不方便或不順利

接下來是敵人B。

我曾在電視聽到免治馬桶的廣告，廣告裡有一句文案是「屁股也要洗乾淨」。這個文案很傑出，用一句話就挑明了許多人覺得不便或礙事的潛在問題。

我認為這個點子也可以充分用到說話上，找出聽者覺得要忍耐或不順的事情，再以自己的說明和主張，解決聽者的困擾。

比方說，化學中有一個單元是「溶液」。該單元一定會說明溶液的各種現象，但其實這項原理在另一個單元「平衡」中，已經說明了很多。

只不過，日本高中教科書上的順序是「溶液↓平衡」，所以通常不會將溶液的原理，用平衡來說明。

對很多學生來說，溶液單元是很大的障礙，甚至有孩子在入學考前，因為搞不懂溶液而嚎啕大哭。

我待在駿台補習班的最後一年，開設獨家講座並透過影片來教學。我在這個講座一反常態，沒按照教科書以往的順序，而是先從平衡來講解，然後提到溶液（見

圖3-9）。

最後，很多學生覺得這個講座很有趣，並推廣出去。

由此來看，這個講座可說是非常成功。我甚至從以往覺得溶液單元很枯燥乏味的學生中，獲得不錯的迴響：「一切都連貫起來了」、「以往的混亂就像假的一樣」。

說明時，將考生避之唯恐不及的溶液單元調換順序，移動到平衡單元之前，並跟其內容扯上關係，這麼一來，學生就能將這兩個單元融會貫通。更覺得「老師幫我消除問題」，而感動。

若想在日常生活中這個方法應用，大致上會像這樣：

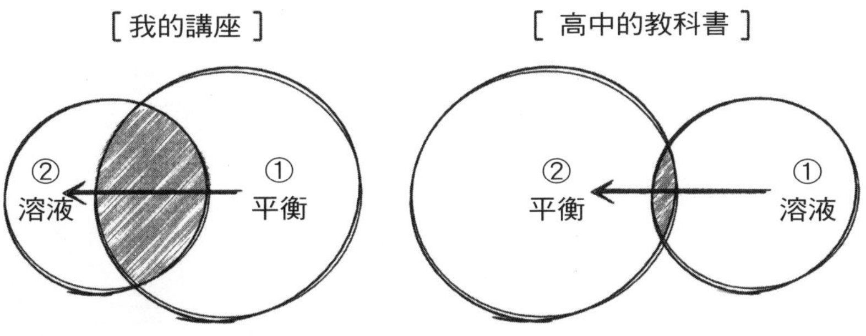

圖 3-9　我改變順序講課，解決學生的困難。

「在冬天，回家後開暖氣，也要花時間等屋裡暖和起來，在變暖之前，不會覺得冷嗎？

其實，現在可以將空調連上網路，回家前，用手機打開暖氣。這就是IoT（Internet of Things，物聯網）技術。」

類似這樣，要說明IoT時，開頭要先提到人們原有的不便，藉此強調自己說的內容跟聽者有關。如此一來就會認為：「這個人（講者）似乎會在了解我的不便後，再幫忙解決！」沉醉在你的說明當中。

重點整理

對比方法依據數量來區分：

一、一個也能做比較。

二、對比兩個事物。

三、對比三個以上的事物。

3 因果，先說結果，後講原因

「一切謎題都解開了！」這是經典推理漫畫《金田一少年之事件簿》的主角金田一一的固定臺詞。

我非常痴迷推理故事，從小學開始，天天埋頭閱讀推理小說，如日本文豪江戶川亂步所寫的《少年偵探團》等。我覺得推理故事的醍醐味，在於案件揭曉的瞬間，那一刻總讓我感到非常激動，難以用筆墨和言語來形容。

在這一節，我會介紹第三種型式，因

果——闡明原因和結果的關聯。這個型式可說是感動說明的引爆劑。

若把個別事件看成不同的點，透過說明因果關係，就能串連不同的點，變成一條線。當這樣的瞬間出現在眼前時，就會點燃人的好奇心且興奮不已。

以推理故事為例。

將案件的結果，跟凶手及其動機，犯案手法（原因）連成起來。揭開真相時，讀者的心情起伏便達到最高點。

因為人是一種想要連結的生物。不只是人與人的關係，大腦也是一樣。當大腦裡的突觸（按：為神經元間交接處，讓神經訊號由一神經元傳導至另一神經元）互相結合之後，會釋放多巴胺和其他快感物質。換句話說，人類單憑連結，就可以獲得快感。

連結點和點之後，這一瞬間聽者心中的雀躍感，就會像爆竹一樣迸開，使人忍不住驚呼「原來如此！」、「竟然是這樣！」

為什麼應該從結果說起？

使用因果型式，要從結果開始說，然後逐一細述原因。雖然先講原因，後說結果，也可以展現因果關係。但，假如想觸動人心，就要先果後因（見下頁圖3-10）。就像推理小說，往往從「凶手就是你！」一句做為開頭，然後主角才開始解開謎題。

當然，有時候為了讓讀者焦急，作者會先公開部分詭計，接著，再讓主角一針見血的宣告結果：「能夠做出這種手法的，只有那個人！」然後澈底的說明為什麼那個人是凶手，以及其他導致結果的原因等。

到了這一步，讀者會焦急的這樣想：「原來如此，犯人是那傢伙！那麼，動機是什麼？」於是專注看下去，等待主角進一步說明。這時，在讀者腦中，原因和結果會連成一線，所以，讀者在看推理小說時，總覺得興奮緊張。

反過來說，如果主角沒先說結果，而是提出細微的證據，從想得到的動機和其他原因不斷說明，只會讓讀者覺得不耐煩，像是這類反應：「你什麼時候知道結果

〔從原因開始說明〕

〔從結果開始說明〕

圖 3-10　從原因開始說明，對方不懂你想做什麼。

的？」、「你到底在說什麼？」、「我要看到什麼時候？」

「總之，快告訴我凶手是誰啦！」——雖然讀者這樣想，卻要一直被迫聽案件的背景和經過。看不到點和點怎麼連接，也不曉得主角會講到什麼時候，讀者在茫然中聽人說話，就會產生壓力。自然湧現「結果是什麼」等想法，於是無法專心聽主角如何揭發真相。

關於該句型的方法，馬上見效的句型為：「結果是●●。原因在於……。」

接下來，我要告訴各位有效使用因果的三個方法。只要任選一個使用，就可以輕鬆讓聽者感動：

一、聯繫關係遙遠的因果。

二、找出第三方原因（真正原因）。

三、逆轉因果關係。

方法一：聯繫關係遙遠的因果

簡單來說，就是把乍看之下甚至沒什麼關係的事物，連在一起。

將距離遙遠的事物聯繫起來，就相當於日本諺語「風吹動，桶商賺」（風が吹けば桶屋が儲かる）。從字面上來看，大多數人看不出風和桶商賺錢之間的關聯。

這句諺語的解釋如下：

「起風後，塵土揚起，當塵土跑進眼睛，盲人就增加。盲人會購買三味線（按：一種日本弦月器。在日本古代，盲人靠彈唱三味線為生），而製作三味線需要貓皮，要得到皮，就得殺害大量的貓。少了貓吃掉老鼠，於是老鼠數量增加。結果越來越多老鼠咬破桶子，而桶商因此獲利。」

如果沒看說明，當別人突然告訴你：「桶商會賺錢，因為風吹起來了。」相信你也搞不懂這是什麼意思，腦袋裡充滿問號。

其實，像這樣對聽者製造問號，就表示這個話題會迅速鑽進聽者的關注區。因為講者把看似無關結果和原因連在一起，而聽者也找不出兩者之間有相關，於是聽者產生好奇，想要知道其中的資訊是什麼，下意識想方設法填滿兩者之間的空白。

這時講者要蓄勢待發，藉由說明，吸引聽者注意，幫他獲得資訊和新增知識。順帶一提，這種方法也跟第八種型式「訴諸欠缺」有關。

我舉一個例子。有一天，我在補習班上課時，說了這段話：

「大家知道，煉金術是中世紀歐洲發生文藝復興的原因之一嗎？」

學生聽了之後，充滿疑問：「煉金術這種迷信的玩意跟文藝復興有關？為什麼？」他們想知道其中的關聯，於是我繼續說明：

「其實化學的發展，源自於伊斯蘭文化將煉金術帶進歐洲，發展過程中，獲得了顏料，以及製作雕塑用的優質金屬和大理石。另外，玻璃加工技術也傳播到各地。」

其實，關於文藝復興和煉金術的關係，殘留下來的文獻十分的少，因此兩者的關係眾說紛紜，不過至少可以相信化學的發展，在物質方面支持了文藝復興。

我在說明時，用因果關係將文藝復興和煉金術，兩個看似無關的東西，串聯起來，於是讓學生感到有趣。

講到這裡，肯定有人會問，該怎麼做才能具體表達，看似無關的兩件事的因果關係。

▲反覆詢問「為什麼？」或「那又怎樣？」

若發現因果關係遙遠的話題時，對於結果，要反覆問自己三至五次「為什麼」（Why）；而原因方面，則要問三到五次「那又怎樣」（So what?）。

這麼一來，聯繫原因和結果的多項資訊就會浮現出來。

比方說，假設現在必須說明「皮膚癌患者增加」（結果）。這時就要針對「皮膚癌患者增加」反覆詢問「為什麼？」。

原因和結果之間乘載多少資訊量，依聽者而定。假設聽者對話題的知識和理解程度低，那麼，若沒分割資訊，聽者就很難聽懂。

此外，要設定什麼說明目標，也取決於聽者。

舉例來說，我針對醫學院考生，在化學課上，說明皮膚癌患者增加的相關細節。這時，我會費盡周折的將課程內容帶到「臭氧層遭到破壞」的原因（目標）（見下頁圖3-11）。

我之所以這麼做，是因為臭氧層遭到破壞，和紫外線會傷害皮膚上的細胞DNA，是醫學院入學考的必備知識。換言之，我從目標逆推，將聽者所需的資訊夾雜在其中。這樣一來，原因和結果就會連成一線。

這個方法的句型如下：

「事實上，○○真正的原因，是……。」

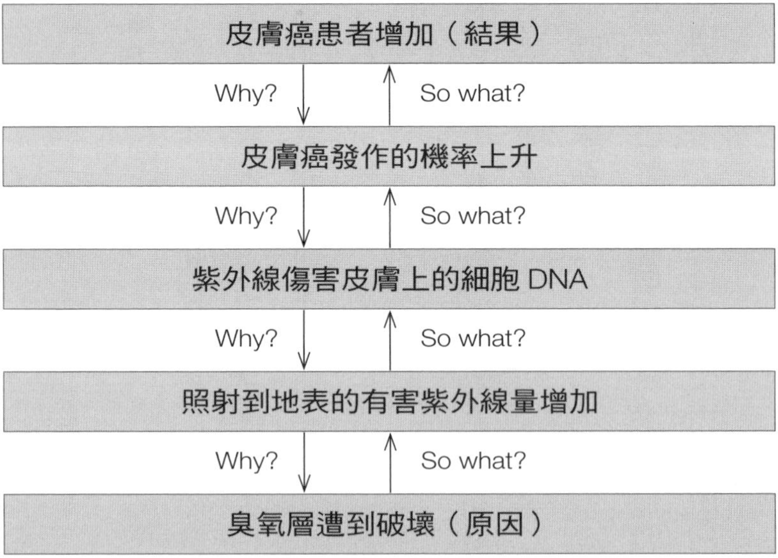

圖 3-11 面對因果關係遠的話題時，要不斷問自己「為什麼」、「那又怎樣」。

方法二：找出第三方原因（真正原因）

有時候聽者認為A跟B有因果關係，但事實上，這兩者之中，還潛藏著完全不同的第三方原因——也就是真正的原因（見圖3-12）。

舉例來說，經常有學生找我商量：「我不擅長數學，解不開化學計算題，該怎麼辦才好？」

學生認為不擅長數學是原因，解不開化學計算題是結果（見下頁圖3-13）。

然而，就化學題目來說，除了會用到高中數學「指數和對數」的部分觀念之外，用不到其他高中數學的答題技巧。

換言之，不擅長數學並非解不開化學計算題的原因。那麼，真正的原因是什麼？

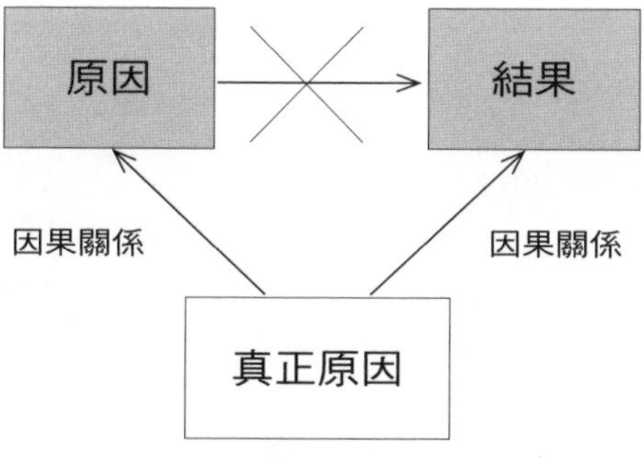

圖3-12　有時一件事中，存在著人們沒發現的真正原因。

以我教過超過兩萬名學生的經驗來說，**解不開化學計算題的理由之一，是閱讀能力不足**。有些人會覺得奇怪：「為什麼是閱讀能力？」

因為化學計算題的題目，往往敘述很長，尤其是應用題，很常加入複雜的實驗操作過程以及細微的設定。所以要是閱讀能力不夠強，就無法從題目中，找出重點跟關鍵。

我曾跟數學老師討論過學生的問題，他也認同我的看法。

不擅長數學的學生中，很多人無法正確了解題目，常因誤解題目而失分。換言之，他們極有可能因為閱讀能力不足，導致無法提升數學分數。

衡量這些現象，我們能發現，與其認為學生「不擅長數學」和「解不開化學計算題」有關，倒不如想，引

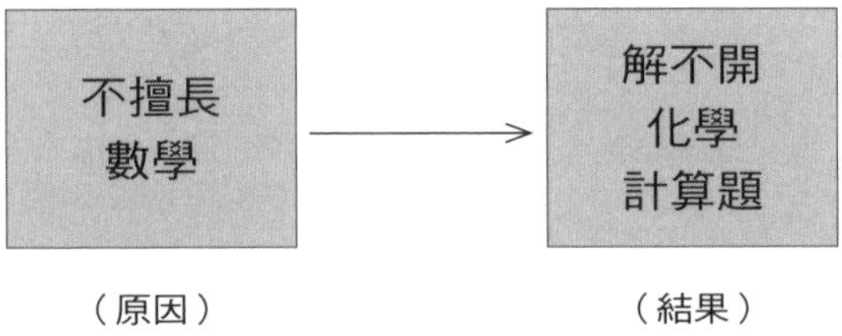

圖 3-13 學生認為自己因為不擅長數學，所以解不開化學題目。

起這兩個問題的真正原因，是「閱讀能力不足」，這麼想才比較合理（見下圖3-14）。

先闡明「閱讀能力不足」（真正原因）的存在，再搭配說明，如何提升題目內文的閱讀能力，學生就會把注意力放在講者身上。

只要使用這類的句型：「〇〇和××無關，其實■■才是兩者真正的原因。」就能一鼓作氣揭曉潛藏在黑暗中的真正原因，使聽者的情緒迅速高漲。

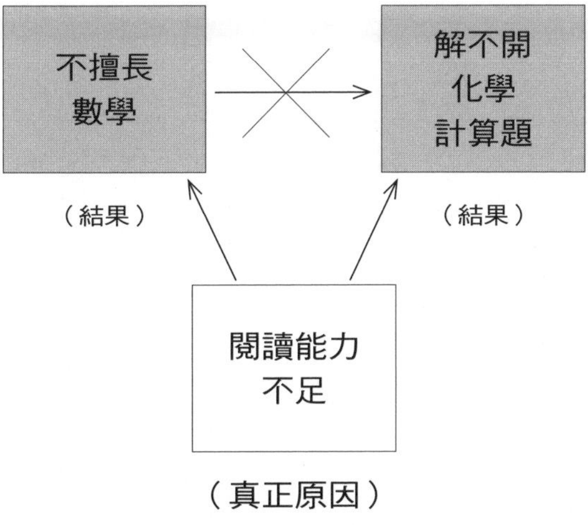

圖 3-14　其實閱讀能力不足，才是數學跟化學不好的原因。

方法三：逆轉因果關係

最後一種方法是逆轉因果關係。

這種說明應用模式的使用時機，在於某人以為A是原因，但其實是結果；以為B是結果，其實是原因。也就是「先有雞，還是先有蛋」問題。

比方說，有不少考生在考前複習時，常因為提不起幹勁，所以沒辦法專心讀書。他們認為只要提起幹勁，就能用功讀書。

也就是說，考生認為提起幹勁是原因，用功讀書是結果。

的確，只要有了幹勁，或許就能用功讀書。我認為這點並沒有錯。

只不過，在考前複習中，幹勁跟讀書的因果關係卻相反——用功讀書（原因），才會湧現幹勁（結果）。

事實上，這個說法有明確的根據，叫做「作業興奮」（按：為腦內物質多巴胺引發的現象。持續進行一項作業可以讓人獲得成就感，忘卻不安和恐懼）。行動的過程當中，幹勁會在之後湧現出來，顛覆考生以往的認知。

「並不是因為提不起幹勁，所以念不下書。而是因為沒有用功讀書，所以沒有幹勁。這是因為……。」

只要對聽者這樣說，他就會嚇一跳：「咦？這跟我認為的不一樣……。」一旦讓對方這樣想，你說的內容就能馬上引起對方的關注。

由於將聽者深信的A（原因）→B（結果），說明其實是B（原因）→A（結果），就能帶給對方強烈的衝擊，接著把你的論點清楚、有邏輯的串連起來，這麼一來，聽者會豁然開朗，覺得感動。

立即見效句型如下：「其實並不是○○引起××，××才是引起○○的真正原因。」

其實，嚴密掌握因果關係是相當複雜的工作。因為除了前面談到的三個方法之外，還有幾個說明的切入點。

例如，聽者以往認為的原因跟結果無關（範例一）；真正原因不只一個（範例二）；原因和結果有交互作用的關係時（範例三）（見下頁圖3-15）。

只不過，我以往利用因果型式來說明時，主要還是靠前面提到的三個方法（聯繫關係遙遠因果、找出真正原因、逆轉因果關係），大幅打動聽者的心。因為簡單易懂，所以帶來的衝擊性大，說明難度容易取得平衡。

所以，請各位先掌握這三種方法即可。

重點整理

因果共有三種方法：

一、聯繫關係遙遠的因果。

二、找出第三方原因（真正原因）。

三、逆轉因果關係。

範例一　弄錯原因

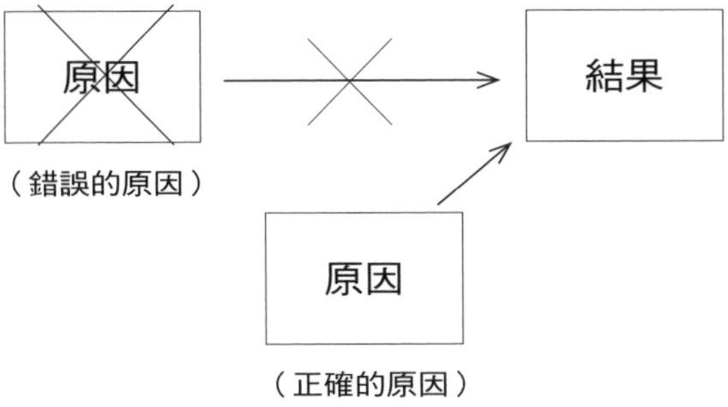

範例二　真正原因不只一個

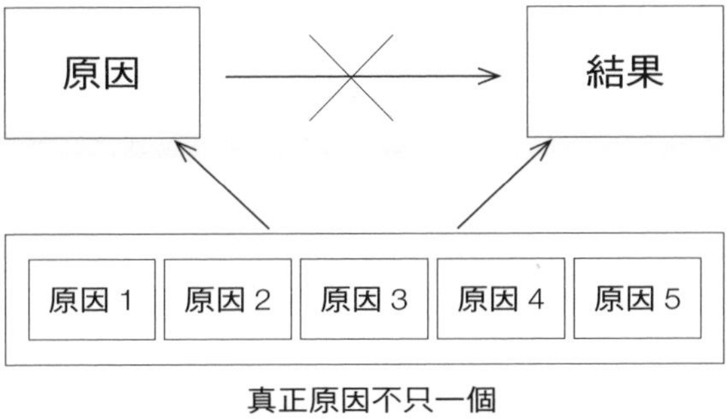

範例三　原因和結果有交互作用的關係

圖 3-15　尋找因果關係，還包括以上 3 種切入點。

4 縮減：只要挑一部分來說就好

「用一句話來形容感動說明，就是在說話時，刺激聽者好奇心。」像這樣簡短說完後，你是否迅速吸收感動說明的定義呢？

現今生活資訊量龐大，所以，若沒有鎖定某項資訊，什麼內容都講，也無法提升你說話的價值。此外，聽者也會因接收過多訊息，腦袋超出負荷，而無法消化資訊，最後產生壓力和負擔。

面對這種情況，只要利用縮減型式，即可幫助聽者降低壓力，還能輕鬆的破壞阻擋人感動的牆壁。

或許聽者多少對某話題的相關資訊感興趣，卻往往因為大腦無法接收過多的內容，於是話題停留在關注區或關係區。

因此，講者要主動將相關資訊鎖定在聽者的需求上，縮減內容之後再說明。透過減少資訊量，讓該資訊能一口氣衝到聽者的自我區（見圖3-16）。

總而言之，就是先找出聽者以往覺得內容過多而無從接收的訊息，然後縮減，再告訴對方：「只需掌握這個就行了。」這個時候，聽者會認為你幫他整理好內容，而願意聽你說明。

正因現代資訊量過多，很多事情讓人覺得很難深入了解。

這時，你要做的是，在說明時，告訴對方你整理、歸納好的訊息。光是這樣，聽者就會認為「總之，只要掌握這個就行了」，並積極記住那項資訊。

順帶一提，雖然在聽者完全不知道某話題的情況下，也能使用縮減。但是，這個型式在聽者已經認知到某件事資訊量巨大，或是了解起來很辛苦，才會發揮龐大的效果。

舉例來說，如果我簡短的說明結合能

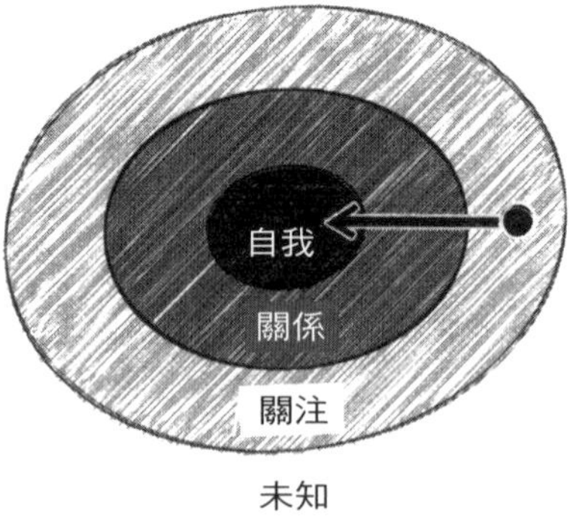

圖 3-16 透過減少資訊量，讓資訊一口氣移到自我區。

和晶格能之差異：「結合能是切斷共價鍵所需的能量，晶格能是切斷離子鍵所需的能量。」

即使這樣解說，對於完全不知道結合能和晶格能的人而言，他不會知道這個說法有什麼特別的。即使強調你幫他刪掉多餘的資訊，他也很難感受到其中的可貴。

也就是說，使用縮減型式的限制，是話題本來處在聽者的關注區或關係區。關於這個方法，你可以套用以下句型：「**用一句話形容，○○就是……。**」

一次說太多，對方會記不住又有壓力

人有一個天性，是明明決定好話題或主題，卻忍不住什麼都講。服務精神旺盛的人，這種傾向更強烈。

只不過，這份服務精神對聽者而言，不見得是好事。我認為，**所謂的說明，是以最低限度的資訊，讓他人了解及獲得新知**。所以比起無微不至，而詳細、囉嗦的解說，簡單緊湊的說明較能減輕聽者的壓力。

說明時，削減多餘的資訊，才有價值，就像經過打磨的鑽石一樣。

重點在於「不說什麼」，而不是「說什麼」

我對補習班講師懷抱憧憬的契機，源自於駿台補習班化學科傳奇講師三國均。他生前曾說：「**重點在於決定不說什麼，而不是說什麼。**」

他告訴我，要設計出對學生有價值的課程，重點在於減少資訊量，而不是增加。當時的我剛成為補習班講師，沒能了解三國老師這番話的真意。因此，我那時認為：「盡量講出許多知識和資訊，學生才會開心。」

然而，當我講課一段時間後，才改變了原有的認知。削減資訊量時，學生的反應顯然比較好；相反的，在有限時間內，極力將知識和資訊塞進課程中，學生則反應冷淡。

後來，我直接詢問學生，幾乎每個學生都異口同聲的說：「說得簡單一點，會比較開心。」我透過這樣的經驗，逐漸體會到先前三國老師的這番話。

要說得能讓對方覺得有趣，前提就在於削減資訊量，讓聽者的大腦能處理。如果聽者沒辦法完全吸收資訊，那麼他只會感到痛苦而已。聽者能夠處理資訊的負荷量，最好要預估得比講者認為的少很多。

那麼，該怎麼展開說明才能縮減資訊量，又不損及話題本身的品質？

我有三種方法：

一、摘錄。
二、概括。
三、分類。

方法一：摘錄，強調那是特意為對方整理的

簡單來說，這種說明模式是裁剪話題，只跟讀者說其中一部分。若話題內容豐富，這個方法更有效果。

首先，裁剪出話題中想優先讓聽者知道的事情。

順帶一提，摘錄是裁剪該講的話題，然後說明；而對比型式中的方法——挑選（見一一二頁）則是交相對比多個話題，從中選出最好的東西，兩種做法有所不同（見圖3-17）。

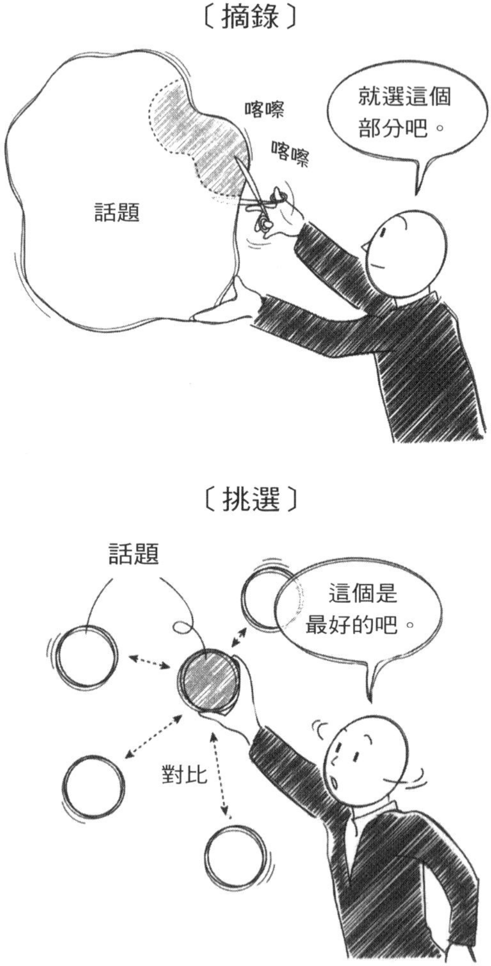
〔摘錄〕
就選這個部分吧。
喀嚓
喀嚓
話題
〔挑選〕
話題
這個是最好的吧。
對比

圖 3-17 摘錄是裁剪該講的話題，然後說明；而挑選則是交相對比多個話題，從中選出最好的東西，兩種做法有所不同。

既然是摘錄，就表示你必須決定，要選話題中的哪個部分向聽者說明。我現在以八種感動說明的型式為例。假設時間有限，很難講完所有的型式，這個時候，只能鎖定縮減型式中的摘錄來說，聽者就可以輕鬆掌握其內容：

「感動說明總共有八種型式。不過，我在這次演講中，只會談到縮減。因為縮減是……。」

就像這樣，先表示只會提到某資訊的一部分內容而已，再強調那是自己特意選擇的內容。

光是講這樣一句話，聽者就會了解，縮減型式是從大量的資訊中，整理、摘錄出來。比起直接解說縮減型式，這個方法讓聽者更覺得資訊可貴。

使用摘錄時，你可以套用以下句型：「今天時間有限，所以，我把想要告訴大家的事情，鎖定成一件。」

▲但別讓聽者以為你在藏私

各位利用摘錄來說明時，要注意一件事——別讓聽者認為「你在藏私」。用前面的例子來講解，在某些情況下，有的人可能會認為：「你不肯說出剩下的七個型式，所以只講一部分。」於是產生不信任感。

為了迴避這樣的狀況，你得找出正當理由來說明，為什麼只講一個型式。例如，時間有限或者是對聽者有益等。具體範例如下：

「感動說明雖然有八種型式，但各位最該優先學會的，是縮減型式中的摘錄，其他型式先不介紹。因為這個型式，才是各位現在最需要，且最能有效活用的型式，所以今天談話的內容，只鎖定摘錄上。」

就像這樣，誠實告知時間有限或者這是為了對方著想才這麼做，聽者就會接受這次只聽摘錄。

方法二：概括，這招能降低對方心理門檻

接下來要談縮減的第二個方法——概括，即壓縮談話內容。

這個方法跟摘錄最大的差異，在於摘錄是挑選部分話題，強調部分談話內容；而概括，則是直接保留整個話題，再刪減細節（見下圖3-18）。

使用概括時，只要用下列句型當開

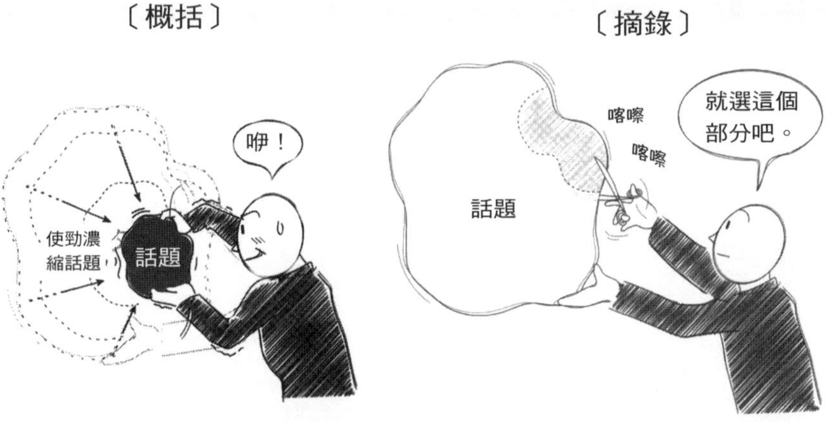

圖 3-18　摘錄是挑選部分話題，強調部分談話內容；而概括，則是直接保留整個話題，再刪減細節。

場白，就變得淺顯易懂：

- 「總而言之……。」
- 「歸納後可知……。」

說明時，濃縮話題再告訴聽者，對方便會認為自己掌握話題的全貌。於是一口氣降低對方願意深入接觸話題的門檻，他會開始想：「說不定我也能辦到」，於是提升話題移動到自我區的可能性。

▲摘錄×概括＝結論

商務中，還有一套常規的說明法，是「簡單扼要的告知結論」，可以說是同時使用摘錄和概括兩種方法。

簡單來說，就是先摘錄內容，然後把最想告知對方的事加以歸納。

用書來比喻的話，就是在前言、正文和結論中，只摘錄結論，再壓縮結論的資訊，並傳達出去。這麼做，會讓性急的人以及忙到沒時間聽完整個話題的人，特別開心。

摘錄加上概括，這招的重點是讓聽者關注話題或產生興趣。另外，假如還有時間，可以追加前言和正文中的詳細理由和根據，展開更深入的說明。

採取這樣的步驟之後，聽者能輕鬆、無負擔的聽講者說明。這個方法的立即見效句型如下：

- 「我最想告訴各位的是……。」
- 「先從結論說起……。」
- 「到頭來……。」

稍微離題，最近日本網站 flier 獲得好評，其提供的服務，是將每本書概括成能閱讀或聆聽十分鐘左右的長度。我想，這種網站之所以吸引人，是因為對現代人來說，時間可貴，所以該網站藉由刪減、整理，讓資訊顯得有價值。

假如想提升概括技巧，不妨活用類似 flier 這樣優質的概括網站。具體來說，就是比較實體書和刊登在 flier 和其他網站的書籍。根據網站上概括的內容，翻開實體書，兩者比對後，相信讀者就知道可以怎麼歸納。閱讀或聆聽書籍的概要，對於講者來說，應該能獲益良多。

方法三：訊息太多，就講大分類

最後要說明的方法三，是分類。

該方法最大的特徵，在於解說時會提升話題的層次，我接下來會具體說明。

首先，要找出話題的層次概念。例如，話題為蘋果時，進階分類是水果；而小狗是動物。

所以在解釋蘋果、橘子和香蕉時，則會統統以水果總括來談。

比起說明蘋果、橘子和香蕉，講「水果」的資訊量會比較少（見下頁圖 3-19）。

換言之，說明時，適時將話題做分類，就可以縮減要提供聽者的資訊量。

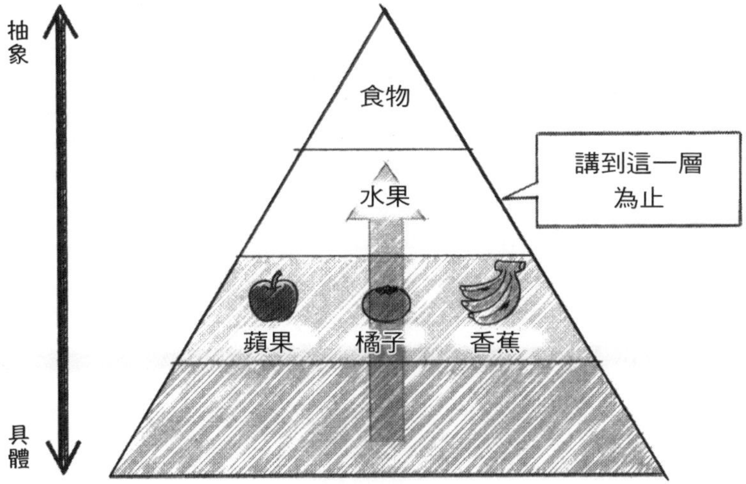

圖 3-19　要找出話題的層次。

分類跟概括的差異，在於，概括是在層次不變的前提下，壓縮話題；分類則是改變話題的層次（見下頁圖3-20）。

▲分類是縮減型式中，最容易用的方法

我認為，分類是縮減型式中，最容易用的方法。我先以化學作為例子來解釋：

「納、鈣也會通電，鋁雖然也會通電，但是磷就不會通電，硫磺也不會通電，不過鐵就會通電。」

這樣的說明拖泥帶水，聽者會有壓力，也記不住。所以你要這樣說：

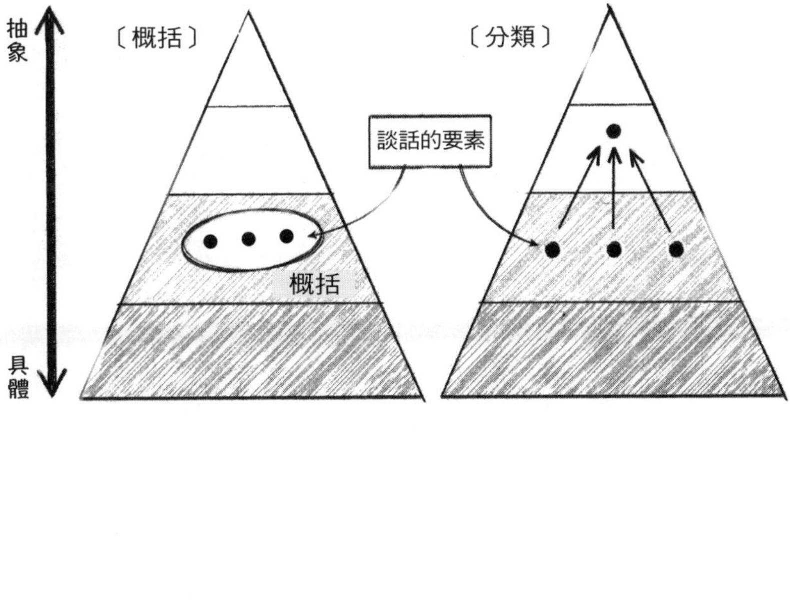

圖 3-20 概括是在層次不變之下壓縮話題，分類則是改變話題的層次。

「金屬鈉、鈣、鋁和鐵會通電，反觀非金屬的磷和硫磺則不會通電。」

類似這樣，以「金屬」和「非金屬」的分類抽象化，從中展開說明。如此一來，就可以縮減說明的內容（圖3-21）。

▲先用一句話講出主題或概念

假如有人問我除了分類外，還有沒有具成效的抽象化方法，我會毫不猶豫的回答：「用一句話講出主題或概念。」

展開詳細的說明之前，要先加上一句話解釋整個談話的主題或概念，如此一來，聽者會輕鬆接受之後的說明，而你說的內容，也能突破聽者心中三道牆。

我用剛剛提到的化學例子，來解釋為什麼要告知談話主題，再展開說明。

若你一開頭就說：

圖 3-21　利用分類，能減少說明內容。

「金屬鈉、鈣、鋁和鐵會通電，反觀非金屬的磷和硫磺則不會通電。」

肯定讓聽者一頭霧水，但若在正式展開說明之前，先用一句話講出主題：

「現在要說明固體的導電性。金屬鈉、鈣、鋁和鐵會通電，反觀非金屬的磷和硫磺則不會通電。」

這樣一來，聽者就可以做好準備，將接收到的資訊和知識納為己用。

▲說明概念的訣竅

那麼，該以什麼概念來說明，才能夠順利分類主題呢？簡單來說，就是讓聽者腦子裡浮現一幅畫。

有時圖畫所具備的資訊比言語還多。因此，當聽者在腦中描繪出圖畫的瞬間，即使沒有逐一詳細解說，他也能了解講者想傳達的事。

比方說，假設我要向企業的人事負責人洽談業務，推銷提升說明技巧的訓練課程。當我在說明敝公司的訓練課程時，會像這樣說明訓練的概念：

「這堂訓練課程，能讓你學會說話的技巧，讓對方不再疑惑：『你到底想說什麼？』。」

光在開頭加上這句話，人事負責人的腦中，就會像下頁圖 3-22 一樣描繪出畫面，認為：「確實想避免那種事發生。」

藉由概念讓聽者的腦中產生畫面，就能減少說明的內容。

圖 3-22 藉由概念讓聽者的腦中產生畫面，就能減少說明的內容。

另外，要實現感動說明，沒有必要追求很文青或琅琅上口的標題，其實要讓聽者積極傾聽，只要一句淺顯易懂的話，讓人可以想像說明的概念和主題，就沒有問題了。

退一步，掌握大局，講基礎觀念

從這裡開始，難易度會稍微提升。

專攻聽者尚未察覺的事物本質，也對感動說明非常有效。

假如能做到這一點，不但可以縮減資訊量，聽者也能夠獲得嶄新的觀點。因此，儘管資訊量少，聽者卻會強烈感受到「自己的知識量增加了」。

我站在理科補習班講師的立場，經常聽到許多學生和社會人士這樣問：

「高中要上的物理學、化學、生物學和地球科學，差在哪裡？」

這時我會回答：

「這四個科目的差異，就在於要處理的粒子大小，有所不同。」

大致來說，物理學的範圍是基本粒子~原子；化學為原子~分子；生物學講分子~生命個體；地球科學則是個體~地球和宇宙。換言之，就是要處理的粒子大小不同（見圖3-23）。

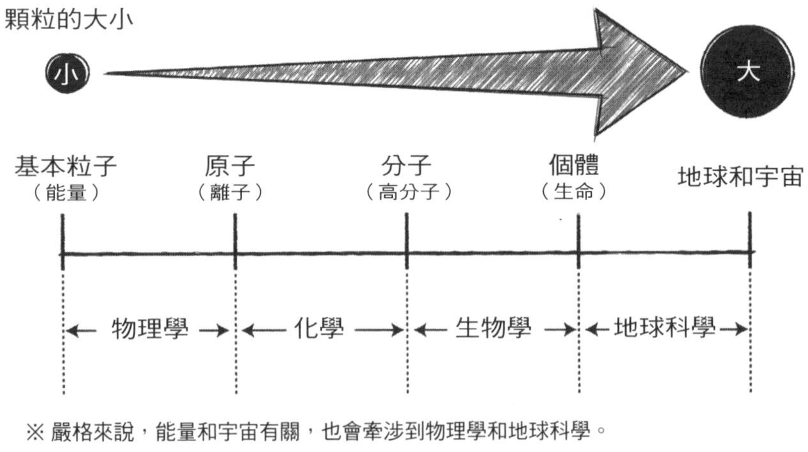

※ 嚴格來說，能量和宇宙有關，也會牽涉到物理學和地球科學。

圖 3-23 不用專有名詞展現基礎觀念，讓聽者一聽就懂。

雖然物理學和化學也會出現能量，無法當作粒子來處理。不過，與其注意這樣的細節，倒不如不用專有名詞，而是展現基礎觀念，讓聽者一聽就懂、刺激對方好奇心，比較重要。

另外，補習班當中，會將元素週期表說明如下：

「大家知道週期表上的元素是怎麼排列的嗎？其實，週期表右上方的元素喜歡電子，左下方的元素則討厭電子（見下頁圖3-24）。」

週期表右上方的元素稱為非金屬元素，左下方的元素則稱為金屬元素。

詳情暫且省略不提，化學領域涉及到的化學反應，是各個元素之間交換電子。因此，各個元素是不是喜歡電子——跟電子是否契合，就平衡化學反應來說，非常重要。

而金屬元素每個都討厭電子，所以會輕易放過電子。換言之，因為金屬元素討厭電子，電力才能流動。

或許這個概念對專家來說是理所當然。但很多的理所當然，往往是基礎觀念。

當你退一步掌握大局觀，並把基礎觀念穿插到說明中，就會帶給聽者嶄新的觀點。在聽者獲得嶄新的觀點之後，他除了好

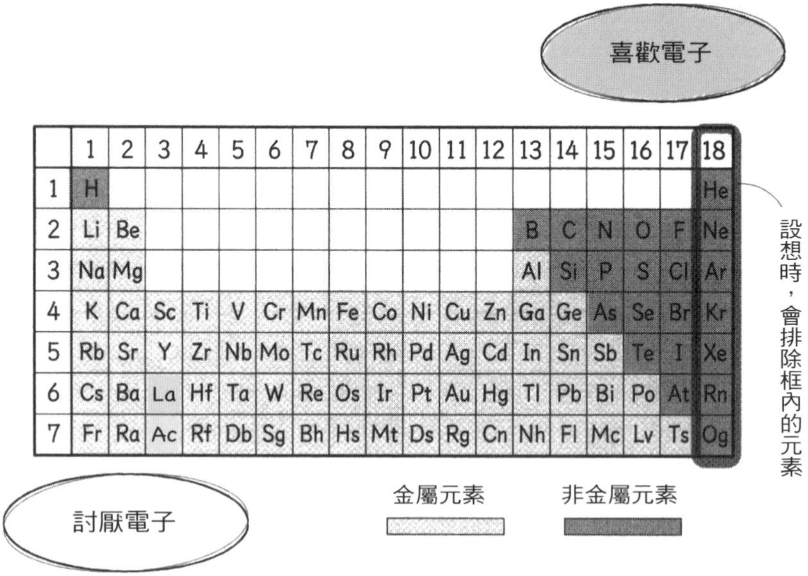

	1	2	3	4	5	6	7	8	9	10	11	12	13	14	15	16	17	18
1	H																	He
2	Li	Be											B	C	N	O	F	Ne
3	Na	Mg											Al	Si	P	S	Cl	Ar
4	K	Ca	Sc	Ti	V	Cr	Mn	Fe	Co	Ni	Cu	Zn	Ga	Ge	As	Se	Br	Kr
5	Rb	Sr	Y	Zr	Nb	Mo	Tc	Ru	Rh	Pd	Ag	Cd	In	Sn	Sb	Te	I	Xe
6	Cs	Ba	La	Hf	Ta	W	Re	Os	Ir	Pt	Au	Hg	Tl	Pb	Bi	Po	At	Rn
7	Fr	Ra	Ac	Rf	Db	Sg	Bh	Hs	Mt	Ds	Rg	Cn	Nh	Fl	Mc	Lv	Ts	Og

設想時，會排除框內的元素

圖 3-24 元素週期表。

奇心會受到刺激之外，也因你的說明而覺得感動。

再舉一個例子，我除了自己的專業之外，也想學習世界史以培養文化素養。我曾詢問世界史講師：「該怎麼樣才能了解世界史呢？」

他說：「了解世界史的祕訣，在於知道當時的人們生活在什麼環境下，對於事物是怎麼想的。說到底，歷史因人類的感情而推移。」

與其拚命背誦詳細的年代和人名，不如知道當時人們所處的環境，以及人們對於發生事件的情感變化，比較容易了解歷史巨大的浪潮。

我原以為世界史和其他社會科目是背科，世界史講師這樣的觀點，讓我感到很新鮮，對世界史的看法有了改變，學習世界史的門檻也一口氣下降。那位老師的話，正是打動人心的說明。

即使對講者來說理所當然的資訊或知識，也可以將這樣的大局觀向聽者說明，讓聽者雀躍到超乎講者的想像。

縮減型式有旁門左道

最後，我要告訴各位讀者，可以利用一招旁門左道來使用縮減型式。但除非有必要，否則不要濫用。

這招要依照以下的步驟進行：

一、硬將大量的資訊提供給聽者。

二、讓聽者因為資訊過多而感到壓力。

三、趁著這一瞬間使用縮減，消除聽者的壓力。

為什麼說是旁門左道呢？

因為只需要遵照步驟說明，幾乎所有聽者都會感謝你。

這招的重點在於講者要故意對聽者施加壓力，再幫忙消除壓力，可說是自導自演的說明技巧。

只要使用以下句型，這招就會生效：「假如，將目前談到的〇個技巧歸納成一點，最後就會變成只要××就好。」

這麼一來，聽者會非常感激你：「能將這麼多資訊整理成一點，真是太好了，謝謝。」

例如，在企業訓練課程當中，使用超過三十頁的講義，你可以這樣收尾：

「今天的說明中，融合了歷史和機制等議題，但是說到底，現在各位只需知道〇〇，就沒有任何問題了。」

類似這樣，向聽者傳達：「雖然說了很多內容，但我將聽者心目中最重要的事情，集中為一點。」如此一來，對方就會獲得超乎想像的暢快感，對講者充滿感謝之意。

另外，使用這招時要注意一件事：步驟一說的資訊，不能隨便說說，終究要準備聽者所需要的內容。

假如說了很多無關訊息，不僅害聽者壓力倍增，當他聽到結尾：「其實，只要知道○○就好了。」很有可能被激怒：「既然這樣，一開始只講這個不就好了！」

就這種意義上而言，這招旁門左道也稱得上是雙面刃，處理時，要非常小心。

其實，我常常不小心使用這招。或許聽起來像在找藉口，但我常常在快下課前才回過神來，驚覺自己講得起勁，說太多內容了。

這種時候，我會使用縮減型式，試著減輕學生的壓力。從結果來看，就是用了這招技巧。

雖然這一節介紹縮減型式，分量卻是所有型式中最多的。沒有說到做到，真是抱歉。

為了稍微緩和各位的壓力，我在這裡要告訴大家前面介紹過的句型中，個人認為最快看到效果的一句：「用一句話歸納目前談到的內容，就是……。」這一句馬上就能用，請務必試試看。

重點整理

縮減資訊量，又不損話題品質，有三種方法：

一、摘錄。

二、概括。

三、分類。

5 破壞：打破他的以為，刺激聽者的好奇心

「不是太陽繞著地球的周圍，而是地球繞著太陽。」截至十六世紀，人們深信天動說，認為太陽和天體繞著地球。相形之下，哥白尼（Nicolaus Copernicus）則提倡地動說，認為地球繞行太陽周圍，爾後伽利略（Galileo Galilei）和克卜勒（Johannes Kepler）推翻了天動說。

除了哥白尼的地動說之外，還有牛頓（Isaac Newton）的萬有引力定律、愛因斯坦（Albert Einstein）的相對論、達爾文（Charles Darwin）的進化論、華生（James Watson）和克里克（Francis Crick）發現的ＤＮＡ雙螺旋結構……科學家發表許多的理論，顛覆了過去的常識。

這些科學理論是世紀的大發現，其威力一掃以往的理論，一口氣破壞以往許多人相信的事情。區區一個新理論，轉眼間翻轉了以往各式各樣的法則和定律。

這次要介紹的型式——破壞的重點，就是摧毀聽者認為常識和法則，之後再一口氣改寫。用一句話形容其概念，就是拆毀與重建。

顧名思義，破壞型式就是在說明時，竭盡全力破壞牆壁，雖然手段有點粗暴激烈，卻具有強大的力量，就像新幹線一樣，載著講者和話題衝去自我區（見圖3-25）。

先拆毀，後重建

破壞型式分兩個階段：

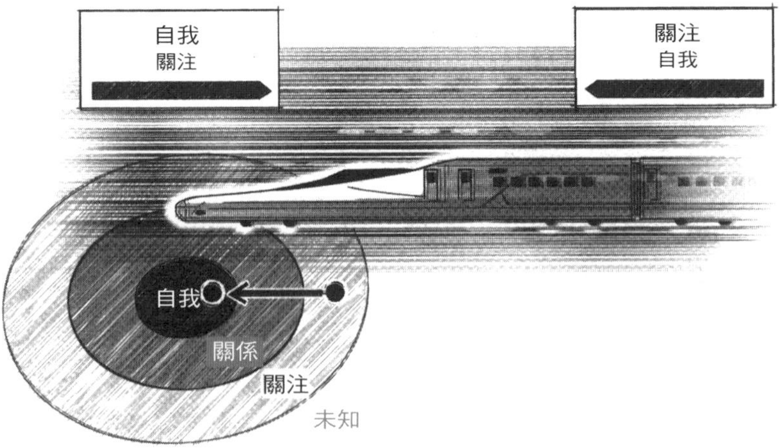

圖 3-25 破壞型式威力強大，能瞬間讓話題衝進自我區。

前半段：拆毀，否定及破壞聽者認為的常識，給聽者帶來震撼。
後半段：重建，將新理論（原本要說的內容）建立聽者的認知。

剛開始要帶給聽者震撼，讓聽者感到驚訝：「這太誇張了吧」。

加拿大記者娜歐蜜・克萊恩（Naomi Klein）的著作《震撼主義：災難經濟的興起》（*The Shock Doctrine: The Rise of Disaster Capitalism*）暢銷全球，目前超過三十個國家翻譯，她在書中指出，人們受到危機狀況帶來的震撼之後，容易接受不利於自己的經濟政策。

感動說明也是一樣，只要特意給聽者一次衝擊，就可以營造說服的情境，讓對方輕鬆接受講者的說法。

雖然聽者會受到精神上的震撼，但在反作用下，能取得新知識和觀點，所以在最後，聽者會感到更加的雀躍（順帶一提，人們這時湧起的好奇心，在心理學名詞上稱為特定好奇心〔specific curiosity〕）。

這種型式是猛藥，但若學會之後，就可以輕鬆讓聽者聽到入迷。

前半段：藉由拆毀讓人嚇一跳

首先介紹拆毀。

破壞的目標是聽者理所當然的常識。當然，不用提出像天動說那樣的大理論。其實告訴大家，社會上一般的說法是錯的，就足以稱得上破壞了。

以下舉的例子，是我在某場演講中聽到的，至今仍然烙印在我腦子裡：

「資訊革命其實是假革命。

「因為，產業革命應該是為了讓人口增加。例如農業革命和工業革命，讓人口大幅增加，而資訊革命卻減少人口。所以資訊革命是假革命。」

相信大家對於這項說明的內容有很多意見。

如各位所知，資訊革命是在農業革命和工業革命之後發生。在資訊革命時代，也有人為人類帶來了富足。

只不過，我在這裡想表達的，是破壞型式用得很出色，從正面否定（破壞）一般人心中「資訊革命＝好事」的迷思和常識。附帶一提，這個說明不僅破壞常識，還攻擊了「產業革命的本質（增加人口）」。換句話說，就是搭配縮減型式——退一步掌握大局觀，並把根本觀念穿插到說明中。

說明時，搭配縮減型式和破壞型式，兩者效果相乘，更大的感動就會刺激聽者好奇心。

▲破壞型式有前提

不過，你要注意一件事：使用破壞型式的前提，在於說明事實或使用別的型式前，必須先毀掉認知之牆。換言之，只有當話題位在關注區時，破壞型式才會發揮威力。

這是因為這個型式要摧毀聽者腦中既存的東西，才能成立，這一點就跟縮減型式一樣。就算向一無所知的聽者主張「這個觀點跟以往不同」，聽者也無法理解。

例如，若對農耕民族主張「接下來不是工業化社會，而是資訊化社會」，對原本就不知道工業化社會的農耕民族而言，也不懂資訊化社會變遷，代表的意義是什麼（見圖3-26）。

換言之，使用破壞型式時，必須先知道聽者的知識和觀念。所以，得確實執行第二章的剖析聽者原則。

▲即使是小破壞，也足以發揮效用

或許，有些讀者會在這時浮現一個

?
我們正在從工業化社會轉型成資訊化社會。
聽者
講者

圖 3-26 對什麼都不懂的人使用破壞型式，不會有效果。

疑問：「假如在某種程度上，已經決定好要說哪些事，那麼，不就很難使用破壞型式嗎？」

的確，講者說理所當然或既定的內容，或許不適合用這種型式。不過，實際上這個型式的特徵，在於即使是細微的破壞（不像天動說或產業革命等的大破壞也無妨），也能看見效果。

比方說，某企業社長藉由澈底改革人才培訓制度，將自家公司從瀕臨破產，V型復甦到年銷售額數十億日圓以上。這位社長舉辦一場主題為「什麼是人才培訓」的演講，就用到破壞型式：

「通常企業的人才培訓，多半在說：

「人才培訓＝①提升企業的業績＋②發揮個人的能力。

「不過，我從實踐至今的經驗中發現，只要提升②發揮個人的能力，就會達成①。

「因此，敝公司的人才培訓，會優先致力於提升個人的能力。」

我聽了這段說明後，覺得很有趣。

一般人認為，人才培訓中，理應是①＋②，社長卻在提出這點後加以破壞，以②是原因，①才是結果（②→①）的嶄新見解。

從這個案例中可以學到，即使你早已決定要說的主題或話題，在說明前，一樣能破壞大眾的常識，變成感動說明。

破壞的目標，就算不是偉大的理論或常識也沒關係。哪怕只破壞一部分，類似這樣社會上一般認為的想法或觀念等，然後提供新觀點的說明，都能吸引聽者，讓他覺得非常有趣。

▲拆毀有兩招

接下來是實踐破壞的祕訣。

為了使聽者感受到的震撼變大，我建議各位採取以下其中一種，進行拆毀。

- 破壞前提。
- 逆向操作。

首先從破壞前提開始說明，因為這是最簡單的方式，能夠帶給聽者震撼。

有個知名的故事是「哥倫布的蛋」：

有人語言攻擊哥倫布：「誰都能發現新大陸。」

哥倫布回道：「請你把蛋立在桌子上。」結果沒有人辦得到，後來哥倫布把那顆蛋啪嗒一聲擊碎在桌上，讓蛋立起來（見下頁圖3-27）。

如果只是事後說說，任誰都可以辦得到，但即使是雞毛蒜皮的小事，破壞大家擅自認定的前提也很重要。前面提到有關哥倫布的軼事，就說明了這個道理。

就如周圍的人看到哥倫布立蛋方式所受到震撼一樣，破壞前提的說明，也可以帶給聽者震撼。

舉個例子，講者對努力節食的女性說：

「妳正在施行的節食方法，原本就不適合女人。」

圖 3-27 即使是雞毛蒜皮的小事，破壞大家擅自認定的前提也很重要。

破壞前提後，聽者的腦子會突然一片空白，這時，講者能輕鬆的將說明和主張投入那片空白當中：

「因此，我開發出一套節食方法，對女性特別容易有效。」

只要像這樣不斷的說明，聽者便能聽進這個話題且在腦中產生新的想法，保持嶄新的觀點。聽者好奇心會受到刺激，比講者想像得還要雀躍不已。

▲毀掉前提的破壞無敵句型

這時最有效的句型是：「說起來，……」這句輕描淡寫的開場白，隱藏著不得了的威力，我可以斷言，這是破壞型式中最強的句型。

比方說，我在補習班對學生和家長這樣表示：

「……說起來，模擬考的偏差值，本來就不能當成選擇志願校的參考。」

他們聽了這句話，剛開始會露出茫然的樣子。

因為大多數學生和家長都很相信偏差值。這樣的人往往會依照模擬考結果和大學的錄取判定（A～E），來決定自己的出路。

然而，實際上能否通過大學入學考，只取決於該大學學年末固定實施的入學考試（按：不同於臺灣的大學考試，全國統一時間進行；日本大學入學考試的日期，因各校而有所不同）。可是每間學校出題傾向和題型，完全不一樣，所以光憑模擬考（連沒學到的範圍都會出題）的判定結果，擔心自己能否上大學，我認為這本身就非常荒謬。

與其這樣，倒不如根據學生第一志願的考古題，找出當事人已經學過的單元，然後讓他解開問題，看看能夠答對幾成，藉此推測當事人學習程度和決定出路，會比較好。

在大學考試前，補習班會實施的最後一次模擬考，我看過很多學生只取得E判定或偏差值五十左右，卻紛紛考上東大、早慶上智（按：早慶上智是早稻田大學、慶應義塾大學和上智大學的簡稱，平均偏差值為六十二至六十五）或其他難考的大學；反觀拿到偏差值六十五的學生，容易大意，結果掉到MARCH（按：即明治、青山、立教、中央、法政等五間大學，這幾間大學的平均偏差值為六十）。

當我向學生和家長說明「偏差值並非唯一標準」，以及我的經驗後，許多人都改變想法了。破壞前提的說明會大幅打動聽者的心，超乎講者的想像。

▲如何讓對方感受超大震憾

要讓聽者感受到的震撼變大，還有另一個方法：逆向操作。這招有兩個步驟：

一、找出世間普遍的認知，尋覓跟自己的主張不同之處。

二、運用不同之處，提倡與世間之人相反的主張。

第一步，是要找出自己話題當中的主張，是否跟世界普遍的認知脫節。假如沒有脫節，就沒必要特地逆向操作了（要做反而做不到）。

反之，要是世界普遍的認知跟你的觀念不同，哪怕只有一點點，都是你利用說明感動人的機會。「總覺得好奇怪」——假如有什麼事情或想法讓你這樣覺得，就要注意，是否有能讓你使用這招的場合。

接下來是第二步，鎖定世界普遍的觀念和自身想法不同之處，再逆向操作。

舉例來說，現在全球掀起「鼓勵大家創業、當老闆」的風潮，要是你認為這件事跟你想法不同，就要展現自己的觀念，例如：「終身待在一家公司，和同事們一起努力讓公司蒸蒸日上。」

當然，發自真心這樣想很重要。

不過，就算沒有那麼強烈的主張，光是抛出相反的觀念，這份反作用力也會產生很大的能量。

其實這招跟對比型式中提過的假想敵觀念接近。藉由對抗強大的邪惡或不便，讓聽者的意識朝著單一方向。

另外，在展開自己的說明之前，務必使用以下的句型，一併說明世間普遍的觀念和自己談話內容當中的新觀點：

- 「一般來說，人們都認為○○，但其實……。」
- 「通常大家會覺得是○○吧？不過，實際上……。」

後半段：重建，要說的話題，趁這時候表達出來

前半段的拆毀已經結束，這時聽者的腦中處於空白狀態。

照理說，這時很容易建立新理論（你要說的話題）。當然，這裡所謂的新理論，就算不是完全嶄新理論也沒關係。

關鍵在於讓聽者覺得新鮮。

接著是最後的叮嚀。這裡相當重要。

說明破壞的正當性

重建階段中，說明的重心是讓聽者接受講者的主張和嶄新的資訊。這裡不只需要邏輯性的說明，還需要一併提出證明和事實。

另外，當聽者懷疑「我有必要接受這項新觀念嗎」時，講者也需要說明正當的理由，將聽者以往的舊觀念替換成新觀念。

我在這裡，同樣提供幾個能馬上發揮作用的句型，如下：

- 「這是因為……。」

- 「假如要說為什麼的話……。」
- 「其實是因為有〇〇在。」

這幾句看起來雖然很老套，但只要添加這樣的開場白，就能把自己提出的主張，當作可靠的論點擴展出去。

另外，我至今研究過超過一千名談話專家的說明方法，發現懂得感動說明、講話風趣又能刺激好奇心的人，使用逆向操作時，會堅持進行到重建階段。

反過來說，說話很無聊的人，說話多半停留在拆毀階段。即使使用逆向操作，但沒有明確提出主張，所以講的內容模稜兩可。

換言之，若輕忽重建，等於毫無理由的否定世間普遍觀念。要是處理不當，甚至有可能讓聽者反感。

請各位在說明時，藉由拆毀來破壞聽者腦中的東西後，重建時，要一併附上聽者絕對可以接受的邏輯和證據（見下頁圖3-28）。

必定會發生反作用

另外，社會風氣很有趣，就像單擺一樣必定會發生反作用——無論朝哪個方向搖晃，之後必然會往反方向擺動。

例如，「羈絆」一詞流行之後，講述精神自由和心靈解放的《被討厭的勇氣》（岸見一郎、古賀史健著）成了超級暢銷書。這是人際關係出現反作用。人與人的距離，雖然因羈絆而縮短、關係變緊密，但更需要注意自我，於是就發生了反作用（並非

圖 3-28　藉由拆毀來破壞聽者腦中的東西後，重建時，要一併附上聽者絕對可以接受的邏輯和證據。

為了滿足他人的期望，而是為了自己）。

當然，就算到目前為止沒有出現巨大到影響全世界的反作用，社會上也常會發生大大小小的事，這之間必藏有反作用。

當社會風氣往其中一邊搖擺時，其實就是逆向操作的機會。所以要仔細尋找反作用的苗頭，哪怕微小，也可以思考能不能利用逆向操作，變成說明的話題，或是破壞偏頗的常識。

當你找到之後，就可以馬上活用破壞型式。

重點整理

打破對方的認知，分成兩個階段：

前半段：拆毀，否定及破壞聽者認為的常識，給聽者帶來震撼。

後半段：重建，將新理論（原本要說的內容）表達出來建立聽者的認知。

6 新聞：這招最簡單，馬上讓人感動

日本最大的經銷商日販與東販，發表從二〇一八年十一月二十五日起，至二〇一九年五月二十五日的暢銷書，《樹木希林一切隨心》（樹木希林著）榮登第一名。

該書從出版到現在，累計銷售一百二十萬本。她另一本著作《離開時，以我喜歡的樣子》也進入日販第三名，東販第五名。樹木女士於二〇一八年九月過世，她的相關書籍陸續引來話題。

——節錄二〇一九年五月三十一日的時事.com 新聞

為什麼我要介紹這篇報導呢？

因為是新聞。

我在這一節要介紹的是新聞型式。一般來說，新聞多少會吸引聽者和讀者的興趣及關注。也就是說，新聞容易移動到關注區或關係區。

尤其是接下來要說明的話題，位在聽者的未知區時，要是把某些新聞套進說明當中，就可以將話題順利移動到關注區。這就是新聞型式的功能（見圖3-29）。

新聞是「新資訊和知識」的集合體，對聽者來說，新聞是位在未知區的訊息。假如能將必須說明的訊息巧

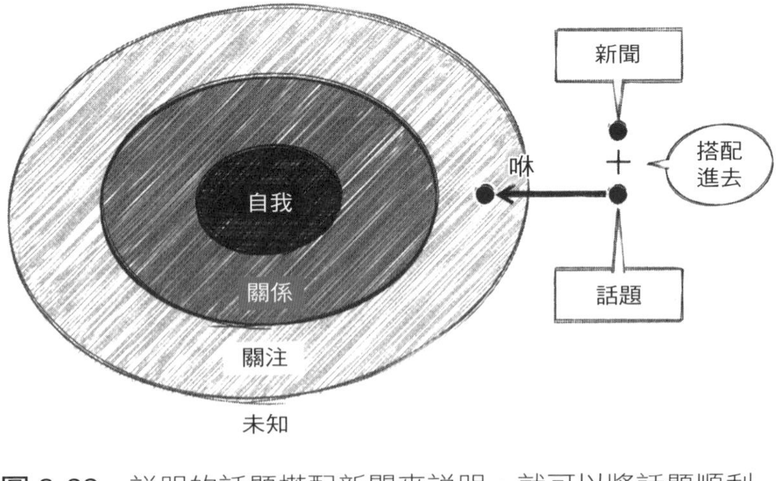

圖 3-29 說明的話題搭配新聞來說明，就可以將話題順利移動到關注區。

妙的結合新聞，那麼，你說的事情就可以跟著新聞一起輕鬆的突破認知之牆，迅速移到聽者的關注區。

人天生就喜歡新鮮事

我們每天都會接觸各式各樣的新聞。許多人不只是看電視節目，也會主動找網路新聞。

換言之，就算資訊或知識原本位在聽者未知區，只要標註最新的新聞，光憑「新聞」這一點，聽者就會自動走進關注區。

稍微離題一下，許多人很喜歡將手機、家電等產品換成更高性能的版本。就算不是這種人，被「新商品」三字吸引的人，想必也不少。

其他例子包括，書店有新書區，亞馬遜則有新品標誌等，都憑「新」字，試圖吸引顧客的目光，日常生活處處都看得見。這證明了「最新」具有促銷的功效。

據說，德國哲學家叔本華（Arthur Schopenhauer）為思想家尼采（Friedrich

Nietzsche）帶來深刻影響，叔本華在自己的著作《叔本華論文集》中描述：

「他們寧願讓大思想家的名著擺在書架上，但那些平庸文人所寫的毫無價值的書，只要是新出版的，便爭先恐後的閱讀。」

換言之，人類從很久以前，就爭先恐後的追求新資訊和知識。我認為這稱得上是人類的習性。熱衷新鮮事是人類的本能。這種追求新資訊和新知識的好奇心，心理學術語上稱為「擴散性好奇」（diverse curiosity）。

那麼，為什麼人類會受到新聞吸引呢？

這是我的假設：在遠古時期，人類以狩獵、採集為生，哪裡有什麼食物、哪個地方很危險……因為這些資訊攸關生死，所以要不斷的更新到最新版本，方能提升生存率。我認為古人的思考迴路，到現代仍然強烈銘刻在我們的DNA上，繼承至今。

對於現代人來說，若不知道最新的新聞，便擔心跟不上周圍的人共通的話題，或是讓人覺得自己沒有文化素養。

有時我們看著別人掌握最新資訊、持有最新版的產品，會覺得他們很帥氣。包含這種心態在內，我們關注最新的資訊和知識的傾向，可說十分強烈。

所以，我認為若想提到聽者不知道的話題時，就要利用新聞。

這時，千萬不要突然直接切入話題，而是從相關的新聞開始引導對方，較能一口氣提升聽者主動聆聽的機率。

例如以下句型，使用之後，可以展現新聞的特性：

- 「上星期發生了〇〇，但是……。」
- 「今天來這裡的時候發生了〇〇的，不過……。」
- 「最新的研究指出……。」

類似這樣，以說明掌握人心，表現新聞的特性，就能讓聽者雀躍不已，注意聽你說。

使用新聞型式時，有一個重要的規則——讓聽者明白為什麼要聽這則新聞。也就是說，你想傳達的事（話題）必須跟新聞有關聯。否則，你挑選這則新聞就沒意義了。

與主要訊息背離的新聞會讓談話的脈絡斷絕，完全不能發揮應有的功能。一旦發生背離，雖然對方有可能主動聆聽，但在聆聽時的情緒和理解程度，往往會全面歸零（見下頁圖3-30、一九八頁圖3-31）。

因此，使用新聞型式時，基本規則是讓對方了解話題和新聞的關聯性，同時選擇以下其中一個活用法，將話題變成有趣的說明：

一、透過網路搜尋或資訊節目，尋找最近與話題直接相關的新聞。

二、分類話題，再連結最近的新聞。

逐一解說兩個活用法之前，要再稍微詳細說明彼此的不同。各個活用法中新聞與話題的關聯性，就如一九九頁圖3-32所示。

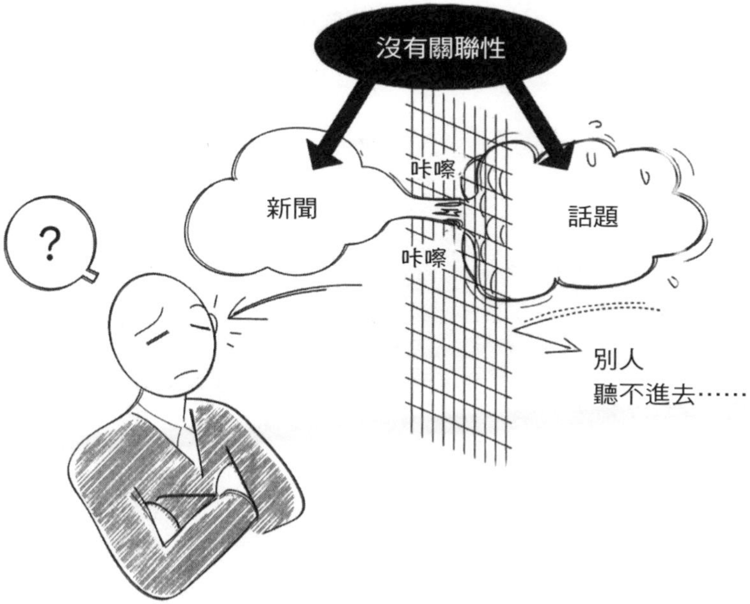

圖 3-30 使用新聞型式時，規則是讓聽者明白為什麼要聽這則新聞。也就是說，你想傳達的事（話題）必須跟新聞有關。否則對方聽不進去。

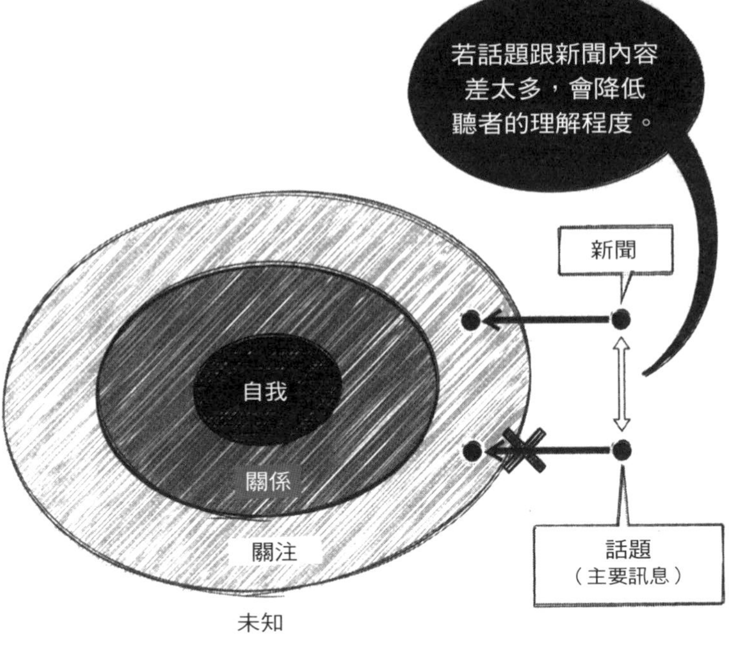

圖 3-31 若新聞內容跟你要說的話題差太多，會降低他理解程度，無法進入關注區。

第一種活用法的話題與新聞直接相關，照理說，不需要花那麼多的時間，就可以活用；而第二種活用法，則是藉由分類來移動層次，使用難度比活用法一稍微高一點。

因此，假如各位還不熟練分類用法，我建議先用活用法一就好。

活用法一：搜尋跟話題有關的新聞

首先是第一種活用法的相

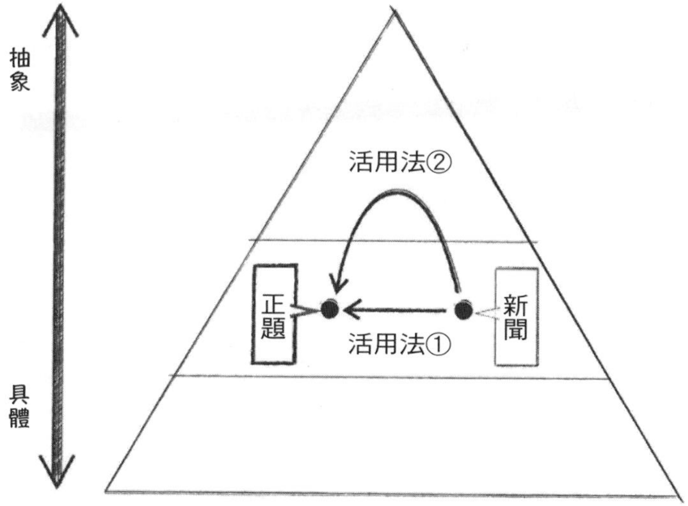

圖 3-32　第一種活用法的話題與新聞直接相關，第二種活用法則是藉由分類來移動層次。

關細節，透過網路搜尋或資訊節目，尋找最近與話題直接相關的新聞。

比方說，本章開頭提到暢銷書的新聞，就是努力找到的訊息。透過活用法一，將該新聞用在說明之中，呈現如下：

「二〇一八年九月過世的樹木希林女士，她的著作成了家喻戶曉的暢銷書。其中的《樹木希林一切隨心》榮登二〇一九年上半年度銷售額第一名，累計發行冊數突破一百二十萬冊，成了最近的新聞。

「雖然近年來，人們常說藝人寫的書賣不出去，但只要內容扎實，還是照樣賣得掉。今天要談的是適合書本內容的內文編纂法。」

另外，我會在補習班課程開始前，趁著搭電車通勤上班時，搜尋當天授課內容的相關關鍵字。從中找出教科書和講義尚未刊登的大學研究成果、企業商品開發資訊，當成新聞安插在課程的開頭當中。

假如是Google搜尋，可以在搜尋欄下方，選擇「新聞」，他會幫你過濾跟新聞無關的網頁，因為直接按搜尋，最近的新聞不一定會顯示在前幾頁。

假如是學術論文，也可以用「J-STAGE」等網站，將搜尋結果依新舊排序。若看得懂英文，可以用「Google Scholar」等網站，來搜尋國外研究論文，然後在談話當中加入你找到的資訊，這些都是很有效的方式。新聞型式也有幾個句型，供大家參考：

- 「我在今天早上的電視新聞中看到〇〇（主要訊息的具體範例），……（直接牽涉到主要訊息）。」
- 「關於〇〇，其實不久前美國●●大學的研究機關，就早已證實。」

只要套用這些句型，就能將搜尋到的新聞告訴聽者。

活用法二：分類話題後，說明的範圍就會擴大

活用法二，是將話題抽象化，再連結最近的新聞。

舉例來說，以「提升說明技巧」為主題的員工訓練課程，講者會假設自己面對的學員，絕大多數對該主題不感興趣或沒關注。我以本章開頭提到的暢銷書相關新聞為例，來解釋活用法二：

「二〇一八年九月過世的樹木希林女士，她的著作成了家喻戶曉的暢銷書。其中的《樹木希林一切隨心》榮登二〇一九年上半年度銷售額第一名，累計發行突破一百二十萬冊，成了最近的新聞。

「書籍的美妙之處在於，即使作者離開人世之後，言語和思想也可以留存給後世的人。

「其實『說明』也能將你心中重要的知識和技術，留存給眼前的對象，傳

承到後世。」

以這個例子來說，以「留給別人」作為關鍵字，將新聞和主要訊息做分類。訓練課程的主要訊息，被分類成「為了將你重要的知識以及技術，留存給眼前的人，所以要提升說明技巧」；樹木女士的暢銷書新聞，則被分為「書籍在當事人死亡之後，也會留存給後世的人」，如此一來，就可以巧妙的黏合主要訊息和新聞（見下頁圖 3-33）。

在此，我想表達的是，雖然話題是「提升說明技巧」，但是在開頭插入「樹木希林女士的書籍是暢銷書」的新聞，這個話題就可以馬上鑽進聽者的關注區。

這就是新聞型式的真本領。此外，你可以套用以下句型：「我在今天早上的電視新聞中看到○○（牽涉到主要訊息），就●●（分類話題）的觀點來看……這（跟主要訊息）是相同的。」

新聞型式有三個注意事項

最後要談談使用新聞型式時，要注意的事：

- 明確告知聽者，這則消息是新聞。
- 不要提到需要花時間了解的新聞。
- 假如，話題已經位在關係區，就不要用新聞型式。

我們從第一點談起。正如前面所言，新聞最大的功用是將搭配進

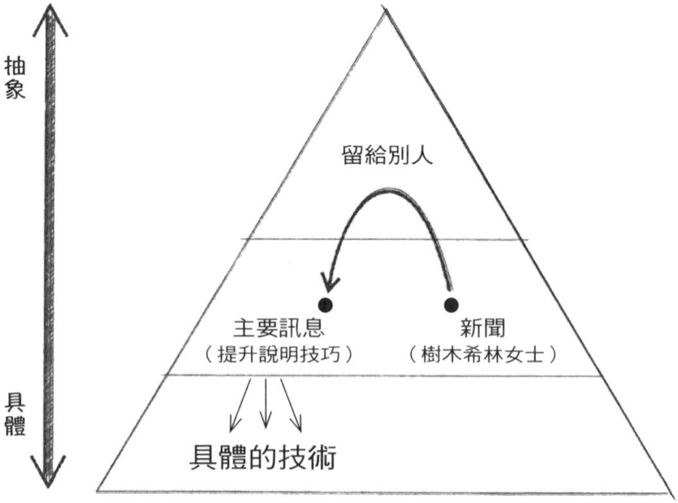

圖 3-33 設定關鍵字，來連結主要訊息跟新聞。

去的話題，從未知區順利移動的關注區。

因此，我們有必要讓聽者確實明白，剛剛提到的事確實是新聞。要是最初沒有明確告知，這個話題在聽者心中，只會當成未知話題來聽，分不清是新鮮事還是過時的消息。

這麼一來，原本移動話題的門檻反而變高了，話題很難進入聽者的關注區。

為了讓對方知道是新聞，請務必在開場白加上今早、昨晚或最新等詞，委婉而確實的強調「我剛剛說的是新聞」。

選擇新聞的標準

第二個要注意的，是不要提到需要花時間了解的新聞。

這是專家最常掉入的陷阱，他們容易把沒事先了解就聽不懂的新聞，搭配話題一起說明。

當講者提出難度較高的新聞時，聽者反而想了解新聞內容，沒興趣知道講者真正想傳達的訊息。此外，由於講者還要撥出時間和盡力解說新聞，反而帶給聽者龐大的壓力，這麼一來，聽者不但沒辦法感動，更覺得你說話很無聊。

換言之，搭配的新聞最好要選擇比較容易了解的內容，像是可以輕鬆看的網路新聞等。

至少要以最快的途徑說明

最後一個要注意的，是假如話題已經位在關係區，就不要用新聞型式。因為新聞型式最大的目的，在於讓話題順利從未知區移動到關注區。

因此，假如話題已經位在聽者的關係區，要抵達的目標是自我區時，描述新聞就有可能害圓點迂迴移動（見圖3-34）。

這麼做，很有可能增加聽者的負擔，也很容易導致聽者覺得你說話很無聊，且浪費時間。

例如，假設我以「提升說明技巧」為主題講課，聽者大多是訓練課程的學員，或是願意自掏腰包、報名參加課程的企業員工。這類的人大多意識到「提升說明技巧很重要」，也明白這件事跟自己有關。但，如果我利用樹木女士的著作大賣的新聞，向他們強調提升說明技巧的重要性，對他們來說，也很有可能會認為「這種事就算不說，我也已經知道了」。

也就是說，話題原本位在聽者的關注區，在講者說明時，會立刻移動到自我區。所以，這時沒必要特地搭配新聞。

使用型式的目的，是為了打

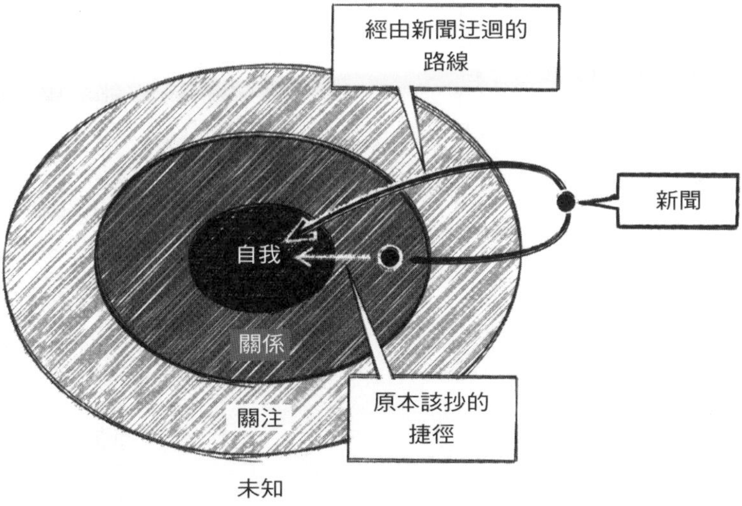

圖 3-34 假如話題已經位在聽者的關係區，描述新聞就有可能害圓點迂迴移動。

動聽者的心，使其感動。我希望各位讀者能逐漸意識，如何靈活運用型式。

如上所述，請各位務必意識這三個注意事項，同時嘗試使用新聞型式。

照理來說，新聞型式是較簡單的方法，能使人在短時間內，讓感動說明的技巧如飛躍般提升。

為了活用這個方法，每天都需要關注新聞。

重點整理

新聞型式能瞬間吸引人注意，活用法有兩種：

一、透過網路搜尋或資訊節目，尋找最近與話題直接相關的新聞。

二、分類話題，再連結最近的新聞。

7 稀有性：這件事只有你知我知

「從現在起我要說的題目解法，只有一些人知道。」

這次要談的是稀有性。

稀有，表示數量非常少，不過說明中的稀有性是指什麼呢？

我對說明的稀有性定義為：「沒人聽過，或是知道的人很少。」話題稀有的理由五花八門，像是很少人能講出這種話題（如本節開頭的說法），所以限定某種人才能告知；或是不常提及等。

強調能夠接觸話題的機會非常少，就是稀有性型式。這個方法往往會刺激人的好奇心，容易讓聽者對話題感到興奮。

關於稀有性與打動人心之間的關聯，日本劇作家世阿彌（西元一三六三年至一四四三年）在《風姿花傳》中闡述：

「中樂中也有讓人心感到新鮮之時，那正是風趣意境所在。花朵、風趣、新鮮，這三者具備同樣的意境。」

中樂是生於平安時代（按：西元七九四年至一一八五年），庶民追求娛樂用的表演藝術，是「狂言」和「能」（按：狂言和能皆是日本四大古典戲劇之一）的前身。而世阿彌則是將中樂集大成者。

表演藝術與說話或許不同。然而，就表現在吸引聽眾的意義上來說，兩者具有相通之處。從世阿彌的話，我得到以下的啟示：「新鮮的事能打動人心。」

說明中，哪種句型能套用稀有性型式？

那麼，該怎麼表達才能呈現話題稀有？

最簡單的方法，是說話時，直接加上開場白：「我只在這裡說……。」關鍵在於這份知識或資訊「真的很稀有」。假如宣稱「只在這裡說」，後來卻在自己的社群網站上張貼訊息，這麼一來，聽者會認為講者失去信用。於是不會想再認真聽他說話。

除了這個方法外，還有其他方式能表現出稀有性，包括：能用數值來暗示，如「只有〇．三％的日本人知道……」；以「禁止事項」來呈現，如「接下來話，要是宣揚出去就糟了，請絕對不要跟別人說」等。

除此之外，暗示某個話題沒有向外界公開，或讓外界得知，會有風險，也是展現稀有性的手法之一。

藉由提問讓人明白稀有性

還有一個方法，是藉由向聽眾提問，暗示這番話的稀有性。例如，在演講或研修這類不只一人的場合，可以這樣問：「知道〇〇的人，可以舉一下手嗎？」

就算你很清楚沒有多少人會舉手，還是要勇於對全體聽眾拋出疑問。這麼一來，就可以讓聽眾知道「原來知道的人沒幾個」，進而強調稀有性（見圖3-35）。

聽者光是知道話題具備稀有性，會變得更想了解內容。

稀有性讓聽者興奮的理由

不過，為什麼話題稀有，就會刺激聽者好奇心呢？

美國社會學權威羅伯特．席爾迪尼（Robert B. Cialdini）在其著作《影響力：讓人乖乖聽話的說服術》（*Influence: The*

圖 3-35　利用提問，來展現話題稀有。

Psychology of Persuasion）中，解釋稀有性打動人心的理由，簡單來說：

理由一：難以取得的東西多半寶貴，所以某件商品和經驗是否容易取得，會成為迅速看出其品質的線索。

理由二：當很難取得某件商品或服務時，我們就會覺得失去自由。這時我們會比失去前更渴望自由，對於喪失自由產生反應。

這些話是什麼意思呢？我繼續補充說明。

現代資訊過多，要逐一判斷其價值和好壞並不容易。因此，人們在難以取得某項資訊時，往往只憑「這項資訊是否寶貴」，來判斷要不要吸收訊息。也就是說，把稀有當作決定話題好壞的判斷標準。

另外，當人們知道自己可能再也聽不到這則話題時，會覺得失去自由。這時，人們會想要找回自由，也就是說，他們會比知道話題非常稀有之前，更加渴望知道內容。

順帶一句，當人知道稀有的話題時，會獲得優越感。因為聽者認為自己比不知道資訊的人知道更多，所以下意識覺得自己比他人優秀。我認為這種心情，也會煽動聽者願意積極且興奮的聽你說話。

而講者必須要確實的說出，很少人提到某件事或話題。

然而，事情沒有那麼簡單。因為稀有性有一個特質，是很難察覺。

為什麼稀有性很難察覺？

各職業視為常識的東西，多半潛藏稀有性。

若職業屬於封閉且業界人數少、流動率不大，流出外界的資訊就少，就表示這些資訊，能一口氣提升稀有度。然而，對業界人士來說，這些資訊太過平常，所以很難發現，而一般人也無法了解這些資訊。

稀有，只有在與外界事物相比時，才能感受到。

以補習班業界的薪資制度為例：

「補習班的底薪幾乎不是月薪制。許多補習班講師以一年為期，簽了業務委託契約，薪資不是年薪也不是時薪，幾乎都是堂薪（依照上課堂數給予薪資）或分薪（每分鐘計算薪資）。

「這是因為補習班講師的工作，並非以小時為單位，而是以課堂數。隨著講師負責的課程不同，一堂上課時間有可能是五十分鐘或八十分鐘，在某些情況下，是一百二十分鐘。

「另外，假如將課程錄成影片販賣，有時會締結買斷契約或版稅契約，獲得堂薪之外的收入。」

補習班講師不像上班族是月薪制，也拿不到定期的津貼，基本上，連退休金都沒有。

這個話題在補習機構是司空見慣，可是我過去曾對認識的學校老師說這件事，對方反而覺得相當有趣。

因為補習班講的薪資制度不會浮上檯面，所以大多數人都感到陌生。對此表示感興趣和關注的，是企業的人事負責人和職涯顧問，或是像我朋友一樣同為教育界的人；最感興趣和願意聆聽的，是希望有一天能成為補習班講師的人，因為有直接關係，所以對他們來說，話題能輕易的移動到關注區。

不管怎樣，假如自己想要打動聽者的心，就要記得先從接下來要說的話題中找出稀有事件。

那麼，該怎麼從自己的說明當中找出稀有性呢？

我有的常識對別人來說，是非常識

請記住一件事：或許各位閱讀到這裡，已經察覺到，自己認為的常識，其實很有可能是稀有性高的話題。

將業界和行業特有常識，當成稀有性的話題告訴對方時，使用以下的句型來說明，會很有效：

- 「這在我們的工作當中司空見慣，但是……。」
- 「這在業界外不太為人所知……。」

另外，為了檢測和辨別這個常識是否稀有，進行以下兩個步驟：

一、了解行業的歷史及結構。
二、跟不同行業的人保持交集，並嘗試交談。

第一步是調查自己任職行業的歷史及結構。照理說，歷史越長的職業，一定累積其特有的知識和資訊。

關鍵在於另外重新調查：「公司何時創立？」、「創辦人是誰？」、「原本是做什麼樣的生意？」挖掘自家公司之事、業界的潛規則或常見的話題也就足夠了。

比方說，有的補習班講師非常講究粉筆的種類，有的則會攜帶自己專用的教學棒和麥克風。

還有，日本補習班通常從四月到隔年一月會非常忙碌，以我的經驗來說，這段時間，沒有一天能休息；而二、三月，我都在放假。這樣的工作方式，對補習班講師們來說司空見慣，但是我跟學生時代的朋友提到這件事，對方覺得非常新奇。

一般來說，夕陽產業（按：指市場飽和、競爭激烈、利潤低的行業）的話題會讓人覺得有距離，因為狀況有盛有衰。舉例來說，業績不論好或壞，經費的使用方式會隨著時代而完全不同。以補習班為例，景氣好時，員工會出國旅遊或是去看歌舞伎；若景氣不好，連搭車經費等之類的支出都被刪減，甚至必須重複使用折斷的粉筆，直到粉筆短到寫不了為止等。

總而言之，業績成長、業績達到最高峰、以及業績開始下沉……依照類似這樣的時間序列來觀察。這麼一來，必定可以在每個階段看出稀奇而有趣的話題，除了知道該行業相關知識或技巧，也能知道工作者的苦樂談。

因為業界常識，往往從其歷史背景中衍生。所以要調查該行業的發展及結構。

藉由比較，發現稀有

接下來，要介紹第二步。這個步驟可以說是對比型式的應用版。話題是否具有稀有性，取決於相互比較。舉例來說，沿海縣市可以容易取得魚貝類，但是內陸距海遙遠、流通不便，所以魚貝類會變得稀奇；反之，漁村無法取得的珍奇山菜，住在山附近的人們，則可以輕易取得。這些訊息都是經過比較，才會知道。

換句話說，稀有性是藉由相互比對，才能明確浮現。職業也是一樣，可能某行業特有的技巧，對該業界人士來說稀鬆平常，但其他業界的人卻不熟悉這個技巧，所以想了解。

若總是跟同樣行業或職務的人相處，每個人都具備同樣的知識，所以很難察覺某項技能其實很特別。只有跟不同行業的人保持交集，人們才會察覺自己擁有的知識，具有稀少性。

以廣告代理商為例，他們會製作企劃書、簡報，也知道如何推銷及主持專案的技巧，這些對其他業界的人而言，就是極為稀奇的話題。

因此，如果有機會向其他業界的人說明這種技巧，可以用以下句型，讓聽者感受到稀有性：「這項技巧在我們的業界不稀奇，但若告訴其他業界的人，就能讓他非常開心。這項技巧就是……。」

這番話會刺激聽者求知的慾望。

此外，如第二章提到的原則一樣，藉由剖析聽者，蒐集並鎖定聽者心目中稀有話題，就能精準吸引對方，例如：

「這次的聽眾都是業務人員。行銷時使用的最新分析方法，有助於業務活動，所以絕對會受到重視。」

要是疏於剖析聽者，只講自己認為稀奇的事情，聽者不一定會覺得你說的事情很少見，於是便不想聽你說明。

每個人都能用稀有性型式來說明

我在研討會上像這樣運用商務情境的案例之後，就有很多人問我：「我的工作根本不特別，只是做普通的工作，怎麼辦……？」

其實，會有這種想法的人，只是對自己評價過低罷了，就算話題跟工作沒有特別相關也無妨。

我認為每個人都能用稀有性型式來說明。

因為一個人所經歷的事情、累積下來的經驗，在全球七十億人中，是獨一無二的，沒人會跟他人有完全相同的經驗。有些人之所以認為自己沒有很特別的事情，極大原因都是太過習慣自己擁有的事物，才沒有察覺自己知道很特別的事。

我舉辦的研討會中，學員M的興趣是旅行，而且去過許多國家。

M在四十年前，曾到某個開發中國家旅遊。她為了了解當地生活，冒著被強盜襲擊的危險，在那個國家的貧民窟逛來逛去。

我拜託她將在那裡的經驗做成簡報，其內容都是當地特有的資訊，讓人聽了感到非常興奮。

我認為她的經驗非常有趣，但當事人似乎完全不這樣認為，對她來說，這些內容只是興趣的一環，所以她完全沒有察覺到，這份經驗多麼有價值又有趣。

我再重申一次，話題或說明是否有趣，一切都取決於聽者。

因此，我建議一邊使用我在前文介紹過的句型，一邊提出零星的話題，確保聽者是否覺得稀奇，同時進行說明。

確定的方法是看對方是否露出訝異的表情，有就代表一定說中了。還可以像二一一頁倒數第二行那樣，一針見血提出問題。

說明稀有性的祕技

我參考《影響力：讓人乖乖聽話的說服術》，彙整兩個能增加稀有性的祕技：

一、歸咎於競爭對手，讓聽者對你的話更有反應。

二、搭配新聞型式。

第一招的原理，是「讓聽者意識有競爭對手，進而提升事物的稀有度。」

舉例來說，我很喜歡有年代感的舊衣服，只要有時間就會去二手衣店尋寶。有一次，二手衣店店長說：

「昨天光顧的客人也很中意那件 Levi's 牌牛仔褲。」

聽了店長這麼一說，讓我產生一股衝動：「就算身材不合，我也要買下這件牛仔褲！」

當然，不只購物，這招在研討會或演講等有限制人數的場合，也能發揮同樣的效果。例如：

「下個月召開的研討會，只剩下一席。屆時會準備只在現場說的壓箱話題，敬請期待。」

當講者這樣說之後，聽者就會想：「都怪報名參加的人太多了，搞不好我會錯過這場研討會。」這時，聽者的心態會轉為，「想避免發生那種事（沒參加到研討會）」，而更專心聆聽講者接下來說的話，避免漏聽任何訊息。

無論是剩餘席次很少或有競爭對手存在，都能展現出稀有性。若用稀有性，就能吸引對方，最好事先主動告知。

說「接下來，限定……」，稀有性瞬間提升

第二招需要搭配新聞型式。

這個方法所運用的原理，是展現新聞的特性，「到目前為止，隨時都可以聽見的對談，接下來有可能會聽不到」，將稀有性提升到更高一層。

比起「這個有限定優惠，接下來的東西也有限定優惠」（圖 3-36），「這個沒有限定優惠，但接下來的東西有限定優惠」（下頁圖 3-37），透過落差，更能讓人感受到稀有性。

請各位可以參考下面這個句型：「目前談論的內容都是公開，但是以後我打算不再公開，只會告訴一部分的人。」

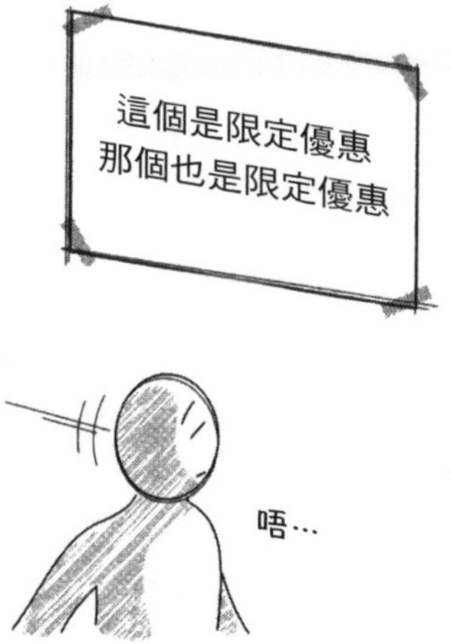

圖 3-36 每個都是限定優惠，無法吸引人。

只要加一句話，聽者就會認為：「若之後會聽不到，就要趁現在趕快吸收才行！」

不過，要是在這時說謊，講者就會喪失信用。之後，說謊一事也會迅速散播出去。別以為不會事情敗露，在資訊發達的現代，很多資料都很容易查證。

因此，請各位在強調稀有性的同時，絕不要忘了誠實。

只要展現稀有性之後，就會提高聽者的期待。

稀有性
到這裡不是限定優惠
接下來才要限定
喔喔～

圖 3-37　透過落差，才能讓人感受到價值。

重點整理

稀有性能刺激好奇心，為了檢測話題是否稀有，有兩個步驟：

一、了解行業的歷史及結構。

二、跟不同行業的人保持交集，並嘗試交談。

此外，還有兩招能增加稀有度：

一、歸咎於競爭對手，讓聽者對你的話更有反應。

二、搭配新聞型式。

8 告訴他，現在他缺什麼

感動說明總共有八種，目前為止，介紹七種。而最後一種，就是訴諸欠缺——藉由強調「現在你的資訊不夠」，撩起聽者對話題的欲望。人在察覺到不足時，就會想填補。這個型式就是利用類似的心理原則。

這個型式能讓話題從未知區，一鼓作氣移動到自我區（見下頁圖3-38）。使聽者變得更加感動。

使用這個形式，有三個步驟：

一、為了讓對方注意到不足，要展現整體的框架。

二、告訴對方，講者可以填補這份不足。

三、填補不足的資訊和知識。

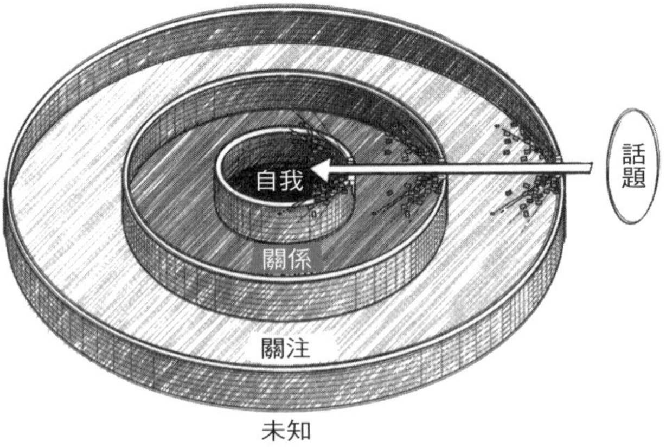

圖 3-38　人在察覺到不足時，就會想填補。

舉例來說：

「各位現在知道的感動說明原則，只是總共三個觀點中的其中兩個而已（步驟一），剩下一個觀點還沒提到。不過這個觀點非常重要，接下來將會談到（步驟二）。

「第三個觀點就是……（步驟三）。」

關鍵是在步驟一先展現框架（總共有三個觀點）。假如沒有展現整體框架，那麼，之後要繼續告訴對方觀點時，就算聽者知道，講者說了自己不知道的東西，但也無法察覺這是需要填滿的內容。

只有在講者確實做好前兩步之後，聽者才會明白自己的資訊和知識，處於不足的狀態。

最後一個步驟，是說明資訊和知識，用來填補在步驟二讓聽者察覺到的不足。這個步驟所說的資訊和知識，對聽者來說是未知的事物（位在未知區），所以在講者說明完後，聽者受到的衝擊性會很強烈。

另外，使用訴諸欠缺的祕訣，就在於不要急，也不要慌。先讓聽者覺得焦躁難安，在他的求知欲望達到高峰之前，要先按兵不動。

話題是欠缺型式的關鍵

正如前面所言，訴諸欠缺能夠帶給聽者的快感，就像將最後一片拼圖填補上去的瞬間。

與其單純將一塊拼圖碎片給對方，不如事先讓聽者明白，這片拼圖是最後一片，這麼一來，會瞬間提升這片拼圖的價值，之後嵌上這片拼圖的瞬間，聽者的雀躍感會達到高峰。當聽者想要湊足知識的欲望越強烈，這個型式就越能發揮效果。

以我的經驗跟分析來說，我在指導考生的過程當中，非常容易強化學生的立場，讓他們想學習知識的欲望變得強烈。

若考生在仍欠缺資訊和知識的狀態下參加考試，會提高失分的風險。所以考生會感受到危機：「要是資訊和知識沒有湊足，搞不好大學會落榜⋯⋯。」這種情況不僅是大學考試，也可以套用在想要通過資格考或取得證照的人身上。

換言之，訴諸欠缺也可以說是刺激不安和恐懼的技術，先引起聽者關注，再提出減輕或解決的方案。這個型式能刻意煽動對於不足的恐懼。不過，聽者有時會因此無法冷靜判斷。所以切忌濫用這個型式。

我在這裡想要表達的是，使用這個型式來煽動對方，無關對錯，關鍵在於煽動之前，是否準備好有益於聽者的話題。

假如沒有準備為聽者著想的話題，就會像形跡可疑的資訊企業家一樣，開設研討會或缺德網站，只從對方身上敲詐金錢。

所以，講者必須培養倫理觀，澈底思考聽者欠缺什麼，以及自己準備的內容是否真的有益於對方。

另外，為了讓聽者補上最後一片的拼圖時，雀躍感不會完全消失，選擇拼圖

（話題），就成了這個型式的關鍵。講者準備的話題，必須能精確填補聽者的不足，才不會使聽者產生壓力，覺得你說話無聊。

適時留空白，他會記得更清楚

另外，訴諸欠缺型式也可以在視覺化資訊後，再行使用。

簡單來說，就是寫下資訊，讓聽者看見，但在資訊中，要故意製造一段空白。

例如，我在講解化學時，有這樣一段話：「現在使用的元素週期表原型，是由十九世紀俄羅斯科學家門得列夫製作而成。」

如果我直接說出這項資訊，也很難讓聽者覺得有趣。所以要像下頁圖3-39，使用黑板或白板，刻意製造缺口。

「那麼，適合填入空格的人是誰呢？」或是「這個人是俄羅斯出生的天才科學家，那麼，他是誰呢？」像這樣對學生（聽者）拋出問題，對方比較容易記住。

就算喋喋不休的說明資訊和知識，聽者也會馬上厭倦。所以要大膽製造欠缺，

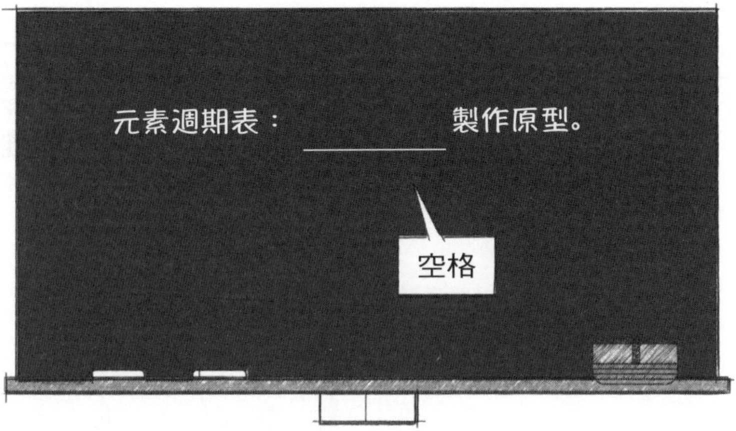

圖 3-39　提供資訊時，要適時留白。

刺激對方「想要填滿這裡」的想法。如此一來，就可以讓聽者專心聆聽。

附帶一提，我發給學生的上課用教材都留有空格；給商務人士的教育訓練教材，我也會將對方想要帶回去溫習的話題上，大膽留下空格或空白，讓他們自己填寫。

要說出聽者千方百計想要記住的資訊和知識時，除了單字之外，也可以暫時欠缺句子。這樣一來，聽者一定會深深記住講者說的內容。

重點整理

訴諸久缺共有三個步驟，依序為：

一、為了讓對方注意到不足，要展現整體的框架。

二、告訴對方講者可以填補這份不足。

三、填補不足的資訊和知識。

後記

說話，重要的是內容，而非講者本身

「當初是誰可以解說這個？哎呀，想不起來就算了。」我所期望的聽者，就要有這類的反應。

說明時，我只希望聽者能吸收及活用其內容。就算忘記我（講者）的長相和名字也無所謂，若這些事情會干擾聽者活用說明的內容，我反而希望對方忘掉。因為我相信，解說的最終目標是要將內容留在聽者的腦海裡。所以當聽者能夠吸收且活用其內容，對我來說，我的任務就完成了。

「高明的解說是繼承人類智慧的終極武器。」

或許有些人認為這句話很誇張，但是我憑藉這樣的想法，將說明技巧專心磨練至今。

坊間有許多「讓自己更有魅力的說話技巧」、「靠說話技巧提升好印象」的書籍，不過我認為，溝通中，重要的是將想傳達的訊息確實的留在對方的腦海裡，而非說話者本身。

當然，溝通目的也有影響，我也無異否定提升自己印象的價值。只不過，至少要記得「說明，這種溝通方式是為了對方」——我一直不想忘記這樣的出發點。

走筆到最後，我想在此表達感謝。

這本書受到很多人的關照。PHP研究所的中村康教先生，不但包容我許多任意妄為，也把內容編輯得很出色。假如沒有中村先生，這本書就不會完成；齋藤稔先生為我一板一眼的文章，畫出許多平易近人的絕妙插圖；一瀨錠二先生設計美麗的封面，他不厭其煩的配合我的要求，並竭盡全力反映在成品上；Elies Book Consulting的土井英司先生，提供撰寫五花八門的點子。謝謝各位在製作本書的過程中，提供的所有幫助。

此外，我寫作過程中，常會變得神經質，朋友大橋啟人和鈴木謙太不斷的鼓勵我；妻子綾香雖然忙得不可開交，仍無微不至的照顧我、替我核對草稿到三更半夜；父母、岳父、岳母總是在背後推我一把，我十分感謝家人及朋友的陪伴。

最後我要謝謝這本書的讀者。

雖然本書內容只提到說明，但我認為在那前方有更遠大的意義。你懷抱的想法能夠確實保留給眼前的人——這樣的溝通手段就是說明。

這本書是為了不讓人覺得自己說話無聊而寫；而前作《簡單說：七個公式教你複雜話輕鬆說》，則是為了讓人能懂自己在說什麼而寫。

就算各位記不得這兩本書的作者是誰，我仍衷心認為，假如讀者能記得書中的部分內容，並在心中留下痕跡，哪怕只有一件事，我提筆寫作就有價值了，甚至可以說，是我最重要的生活意義。

馬上見效的句型（速效框架）

- 點出對方的問題，讓他發現效益的存在。
- 介紹已經聽過說明的成功案例者，讓聽者在腦中想像光景。
- 說明為什麼自己有資格提出這項效益。
- 說明能夠享受效益的具體步驟。

- 「即使是○○，也××……。」
- 「明明是○○，卻××……。」
- 「雖然這是○○（數值），平均值卻是××（數值）。」
- 「從○○當中挑選的××。」
- 「絕不能輸給○○（假想敵）。」

- 「結果是○○。原因在於……。」
- 「其實○○真正的原因是……。」
- 「○○和××沒有因果關係，其實■■才是兩者真正的原因。」
- 「其實不是○○引起××，××才是引起○○的原因。」

（續 242、243 頁）

■八種型式與馬上見效的句型速查表

型式	任務的概念	擅長路線（區域）	
一、效益	使阻擋感動的 牆壁變脆弱	未知區 ↓ 自我區	框架 步驟一 步驟二 步驟三 步驟四
二、對比	突顯話題	未知區 ↓ 關係區	句型一 句型二 句型三 句型四 句型五
三、因果	感動引爆劑	關注區 ↓ 自我區	句型一 句型二 句型三 句型四

馬上見效的句型（速效框架）

- 「用一句話形容〇〇就是……。」
- 「今天時間有限，想要告訴大家的事情會鎖定成一件。」
- 「總而言之……。」
- 「歸納後可知……。」
- 「我最想告訴各位的是……。」
- 「先從結論說起……。」
- 「到頭來……。」
- 「假如將目前談到的●個技巧歸納成一點，最後就會變成只要××就好。」
- 「用一句話歸納目前談到的內容……。」

▼旁門左道的三步驟

- 硬將大量的資訊提供給聽者。
- 讓聽者因為資訊過多而感到壓力。
- 趁著這一瞬間使用縮減形式，消除壓力。

- 前提：「說起來……。」
- 「一般來說會認為是〇〇，但是……。」
- 「通常大家會覺得是〇〇吧？不過實際上……。」

↓

- 「這是因為……。」
- 「假如要說為什麼的話……。」
- 「其實是因為有〇〇在。」

（續 244、245 頁）

■八種型式與馬上見效的句型速查表（承上頁）

型式	任務的概念	擅長路線（區域）	
四、縮減	讓聽者不容易有負擔	關注區 ↓ 自我區	句型一 句型二 句型三 句型四 句型五 句型六 句型七 句型八 句型九
			框架 步驟一 步驟二 步驟三
五、破壞	拆毀原有認知，建造新的概念	關注區 ↓ 自我區	句型一 框架 句型二 句型三 逆向操作 句型四 句型五 句型六

馬上見效的句型（速效框架）

- 「上星期發生了〇〇，但是……。」
- 「今天來這裡的時候發生了〇〇的事情，不過……。」
- 「最新的研究指出……。」
- 「我在今天早上的電視新聞中看到〇〇（主要訊息的具體範例），……（直接牽涉到主要訊息）。」
- 「其實關於〇〇，上個月不久前美國〇〇大學的研究機關就早已證實。」
- 「我在今天早上的電視新聞中看到〇〇（牽涉到主要訊息的抽象概念），就〇〇（抽象）的觀點來看……這（跟主要訊息）是相同的。」

- 「這話我只在這裡說……。」
- 「只有 0.3%的日本人知道……。」
- 「接下來說的話要是宣揚出去就糟了，請絕對不要跟別人說。」
- 「知道〇〇的人，可以麻煩舉一下手嗎？」
- 「這在我們的工作當中司空見慣，但是……。」
- 「這在業界外不太為人所知……。」
- 「這項技巧在我們的業界不稀奇，但若告訴其他業界的人，就能讓他非常開心。這項技巧就是……。」
- 「目前談論的是公開發言，但是以後我打算不再公開，只會告訴一部分的人。」

- 「其實我告訴各位的只有總共●點當中的▲點。」
- 「因此，從現在起要告訴各位最後一點。」
- 「那一點就是……。」

■八種型式與馬上見效的句型速查表（承上頁）

型式	任務的概念	擅長路線（區域）	
六、新聞	讓聽者馬上關注話題	未知區 ↓ 關注區	句型一 句型二 句型三 句型四 句型五 句型六
七、稀有性	話題很少人知道	未知區 ↓ 關注區	句型一 句型二 句型三 句型四 句型五 句型六 句型七 句型八
八、訴諸欠缺	集中攻擊牆壁的破綻	未知區 ↓ 自我區	框架 步驟一 步驟二 步驟三

國家圖書館出版品預行編目（CIP）資料

把無聊說到感動：讓人馬上停下來聽你說。補教名師的八種表達絕招，學生全程清醒聽課，轉戰商場客戶馬上買單。／犬塚壯志著；李友君譯 . -- 初版 . -- 臺北市：大是文化，2020.08
256 面；14.8×21 公分 . --（Think；198）
譯自：カリスマ予備校講師が初公開！感動する説明「すぐできる」型
ISBN 978-957-9654-98-2（平裝）

1. 說話藝術 2. 口才

192.32 109008381

Think 198

把無聊說到感動

讓人馬上停下來聽你說。補教名師的八種表達絕招，學生全程清醒聽課，轉戰商場客戶馬上買單。

作　　者／犬塚壯志
譯　　者／李友君
責任編輯／陳竑悳
校對編輯／蕭麗娟
美術編輯／張皓婷
副總編輯／顏惠君
總 編 輯／吳依瑋
發 行 人／徐仲秋
會　　計／林妙燕、陳嬅娟、許鳳雪
版權經理／郝麗珍
版權專員／劉宗德
行銷企劃／徐千晴、周以婷
業務助理／王德渝
業務專員／馬絮盈、留婉茹
業務經理／林裕安
總 經 理／陳絜吾

出 版 者／大是文化有限公司
臺北市衡陽路 7 號 8 樓
編輯部電話：（02）23757911
購書相關資訊請洽：（02）23757911 分機 122
24 小時讀者服務傳真：（02）23756999
讀者服務 E-mail: haom@ms28.hinet.net
郵政劃撥帳號／ 19983366 戶名／大是文化有限公司

香港發行／豐達出版發行有限公司
Rich Publishing & Distribution Ltd
香港柴灣永泰道 70 號柴灣工業城第 2 期 1805 室
Unit 1805, Ph.2, Chai Wan Ind City, 70 Wing Tai Rd, Chai Wan, Hong Kong
Tel：21726513　Fax：21724355
E-mail：cary@subseasy.com.hk
法律顧問／永然聯合法律事務所

封面設計／孫永芳
內頁排版／邱介惠
印　　刷／緯峰印刷股份有限公司
出版日期／2020年8月初版
定　　價／新臺幣 340 元
ISBN　978-957-9654-98-2